W0333871

GWENDOLYN

EIN SHETLAND PONY ERZÄHLT AUS SEINEM LEBEN

WUWEI
VERLAG

...und ich habe mir so sehr Mühe gegeben mit der SCHREIBMASCHINE - extra für Euch!

Impressum

Bibliografische Information Der Deutschen Bibliothek:
Die Deutsche Bibliothek verzeichnet diese Publikation
in der Deutschen Nationalbibliografie.
Detaillierte bibliografische Daten sind im Internet
unter http://dnb.ddb.de abrufbar.

ISBN 978-3-930953-43-1

Herausgeberin: Isabella Sonntag, Schondorf
Fotos: Hans G. Lehmann, © 2008 by Lehmann-Photography
Text: Christa Lehmann
Comics: Brigitte Schmidt
Gestaltung: Sabine Gistl, www.diewerberei.net
Druck: FINDIR, Cesky Tesin

Wu Wei Verlag, D-86938 Schondorf am Ammersee, 2008
www.wu-wei-welt.de

Alle Rechte vorbehalten, ISBN 978-3-930953-43-1

Printed in Czech Republik, 2008

Zu meiner Person...

Jetzt stelle ich mich erst einmal vor:
ich bin ein reinrassiges Shetland Ponymädchen und werde Gwendolyn genannt. Das ist ein alter keltischer Name, und ich bin sehr stolz darauf, ihn zu tragen. Das war aber nicht immer so. In meine Geburtsurkunde hat man doch tatsächlich den albernen Namen Wendy II eingetragen, was zwar eine Art Abkürzung von Gwendolyn ist, aber so heißt heute schließlich jedes zweite Pony.

Hier sieht man mich in voller Aktion

Und das nehme ich meinem Züchter ziemlich übel.
Er hätte mich damals wenigstens Chantal oder Gloria oder vielleicht Zoe nennen können, anstatt einen solchen Allerweltsnamen auszusuchen.

So steht's auf meinem Türschild

Aber dann kamen zum Glück meine neuen Besitzer und fanden, dass Gwendolyn viel edler und passender für mich ist und haben mich einfach umgetauft. Dafür bin ich ihnen sehr dankbar.

Ich - bei meiner Lieblingsbeschäftigung

Übrigens, meine Mutter traf es auch nicht besser, sie hieß „Wendy B", während meine Oma, die Glückliche, wenigstens noch einen Adelstitel besaß, sie war eine Wendy van de Hereweg.
Meine allergrößte Leidenschaft ist das Grasen auf fetten Weiden, denn mir schmeckt frisches Gras einfach sooo gut! Die Menschen nennen das allerdings Fresssucht, und die wurde mir letztendlich auch zum Verhängnis.

Mein Fell ist komplett schwarz, was man in der Pferdefachsprache „Rappe“ nennt, und da ich ein Mädchen bin, bin ich also eine Rappstute und im besten Pferdealter, nämlich 11 Jahre.

Rot steht mir am besten

Aus meinem Tagebuch...

So, nun aber zur Sache – ich kann Euch sagen, mir ging es nicht immer so gut wie jetzt. In meinen elf Jahren habe ich einiges erlebt, und das kam so:

Vor einigen Jahren musste ich meine Heimat im Oldenburgischen verlassen, weil ich als Gesellschaftsdame für ein so genanntes Großpferd angeheuert wurde. Ich kam auf einen wunderschönen Gutshof am Rande von Hamburg, inmitten saftiger Weiden und grüner Wälder.

Hier ein paar Eindrücke von meiner neuen Umgebung und dem Leben und Treiben auf dem Hof.

Es wird andauernd gefegt und geputzt...

... die Rasenmäher haben vier Hufe und man lebt in ...

... einer multikulturellen Gemeinschaft.

Die Bar ist 24 Stunden geöffnet!

Vor dem haben wir keine Angst!!!

Einige meiner Mitbewohner bei einem Gruppenausflug.

Zwei Andalusier-Zuchtstuten mit ihren Fohlen - der Stolz des ganzen Hofes!

Auch Sportpferde gibt es hier viele. Dies sind einige von ihnen und dazu die vielen Schleifen, die sie schon gewonnen haben.

Alle Menschen, die mich bei meiner Ankunft zum ersten Mal sahen, fanden mich entzückend. So ein hübsches, lackschwarzes Ponymädchen wie mich hatten sie noch nie gesehen.

Stimmt doch?

Aber dann kam der Schock: ich traf mein zukünftiges Gesellschaftspferd, einen ziemlich eingebildeten Lusitano namens Napoleon.

Napoleon, der Schrecken meiner schlaflosen Nächte

Lusitanos sind eine uralte, edle portugiesische Pferderasse. Siesind auch hierzulande sehr beliebt und zeichnen sich durch ihre üppigen Mähnen und leicht gebogenen Ramsnasen aus.
Mir erschien Napoleon riesig, mit rollenden, feurigen Augen, großen Zähnen und mächtigen Tellerhufen. Und er fand mich offensichtlich überhaupt nicht entzückend.
Vom ersten Augenblick an verfolgte er mich mit Bissen und Tritten, ich hatte panische Angst vor dem Riesen und wollte eigentlich nur noch weg. Was aber nicht ging, da ich mit ihm in einen Stall gesperrt war. Ich tat mein Bestes, um ihn milde zu stimmen, aber ich sah nur flach angelegte Ohren, bleckendeZähne und hatte überall blaue Flecke. Und mein Heu fraß er mir auch weg.

Schließlich sahen meine neuen Arbeitgeber ein, dass es so nicht ging, und ich bekam einen neuen Job auf dem Hof – als Maskottchen.
Das war ziemlich leicht. Ich war ja nun mal das einzige Shetty auf dem ganzen Reiterhof, um mich herum nichts als Riesenpferde vieler Rassen. Darunter viele Warmblüter wie Hannoveraner, Trakehner, Mecklenburger, aber auch Fjordpferde, amerikanische Gangpferde und die Barocken wie Friesen, Andalusier und eben jene Lusitanos.
Meine Aufgabe bestand fortan darin, mich von Kindern, die manchmal auf dem Hof waren, streicheln zu lassen und dabei nett dreinzuschauen. Einige wollten mich auch immerzu kämmen und putzen oder gar waschen, worauf ich gar nicht so erpicht war.

...die können gar nicht genug kriegen von der Schrubberei.

So sieht es dann auf dem Waschplatz aus.

Dabei gefalle ich mir mit einer gleichmäßig schönen Staubschicht auf dem Fell eigentlich viel besser, zum Beispiel so wie hier ...

Das einzig Gute war, dass die Kinder mich meistens mit Leckerlis versorgten, oft heimlich, wenn es deren Mutter nämlich verboten hatten mit der Bemerkung „Gwendolyn ist sowieso viel zu dick“ Das traf mich immer hart in meinem Selbstbewusstsein, ich finde mich nämlich bis heute nicht zu dick, allenfalls habe ich nur etwas schwerere Knochen. Außerdem muss man bei Shettys nicht unbedingt die Rippen zählen können.

Nach dem Waschen führten mich die Kinder immer zum Trocknen auf dem Hof herum.

Mein Pflegetrio passte immer gut auf, dass ich ganz trocken wurde, sonst hätte ich mir noch eine Erkältung eingefangen...

Hin und wieder machte man auch mal einen Versuch, ein Kind auf mir sitzen zu lassen, aber das fiel meistens ganz schnell wieder runter. Buckeln konnte ich schon immer gut, und es war nicht einzusehen, weshalb da jemand auf meinem Rücken sitzen und mir mit den Füßen in die Seiten treten sollte.

Ich beobachtete ja ständig, wie die großen Pferdekollegen gesattelt und mit einem Menschen drauf in der Reithalle im Kreis herumkommandiert wurden und fragte mich, wieso die nicht auch einfach buckelten. Wahrscheinlich waren diese Menschen stärker als die Pferde, anders kann ich mir das nicht erklären. Eine Zeitlang musste auch ich so einen kleinen, sitzfesten Jungen ertragen. Der erzählte dauernd allen, er wollte gern später mal Ritter werden.

So was Dummes!

Seine Mutter hatte ihm anscheinend beigebracht, wie er sich länger auf meinem Rücken halten konnte als die anderen Kinder. Ich bin so schnell galoppiert wie ich konnte und habe noch ein paar Bocksprünge eingebaut. Er kreischte dann dabei immer so laut, dass mir die Ohren weh-taten, fiel auch oft genug runter - und stieg aber leider jedes Mal wieder auf.

... das sah etwa so aus

Es war total nervig, und ich habe drei Hufkreuze gemacht, als die Familie dann Gott sei Dank aus Hamburg weggezogen ist - allerdings nicht meinetwegen.
Ansonsten hatte ich so gut wie nichts zu tun und langweilte mich ziemlich, bis eines Tages ein junges Mädchen namens Coco auf den Hof kam, das sich meiner annahm. Sie kam fortan jeden Tag, und wir unternahmen Dinge zusammen, die mir sogar richtig Spaß machten, obwohl ich dabei arbeiten musste und eine ganze Menge lernte.

Sie war zwar immer sehr bestimmt, und ich musste tun, was sie sagte, aber sie war trotzdem total lieb zu mir, und wenn ich etwas richtig machte, lobte sie mich ganz doll. So lernte ich in der Reithalle, wo sonst nur die großen, feinen Pferde bewegt wurden, wie man am langen Zügel geht, wir übten Seitengänge an der Doppellonge, oder ich musste draußen einen Reifen durch den Sand ziehen.

Und eines schönen Tages baute ein geschickter Mensch, der auf dem Hof arbeitete, eine kleine Kutsche, ganz allein für mich.

Zusammen mit meiner Freundin Coco lernte ich, wie man die Kutsche zieht, das nennt man in der Fachsprache „ein Pferd einfahren", und ich durfte dann mit ihr und anderen Kindern kleine Touren durch den großen Wald machen. Damit ich genug Kondition für diese Arbeit bekam, durfte ich auch neben Coco am Fahrrad laufen, da haben einige Menschen ganz schön verblüfft geguckt.

Dieses Bild von Coco und mir stammt aus meinem ganz privaten Fotoalbum.

 Zur Weihnachtsfeier wurde ich mit einer roten Schleife geschmückt und brachte mit meiner Kutsche lauter bunte Geschenkpakete für die Kinder in die Feierhalle, und alle Gäste haben applaudiert. Das war eine sehr schöne Zeit. Irgendwann war die aber leider ganz und gar vorbei, Coco kam plötzlich nicht mehr. Ich hatte mich noch gewundert, warum sie den einen Tag so besonders nett zu mir war, mich streichelte und eine extra Portion Möhren mitbrachte. Sie ging aus der Tür, dann kam sie noch einmal zurück, streichelte mich wieder, ging schließlich wieder weg – und dabei sah sie irgendwie traurig aus, gar nicht so fröhlich wie sonst immer. Aber das war mir in dem Moment natürlich nicht bewusst, ich dachte ja, sie käme morgen wieder.

Tja, und dann wurde auch ich sehr traurig, denn ich hatte plötzlich niemanden mehr auf dem ganzen Hof. Jeder lief bloß an mir vorbei, rief höchstens mal „Hallo, Gwendolyn“ und ging seiner Wege. Wenn ich wenigstens ein paar Kumpels meiner Gattung um mich gehabt hätte, mit denen ich mal auf Augenhöhe hätte reden können, aber so waren da bloß diese gestriegelten Riesenpferde, die sowieso auf mich herab sahen und mich nicht ernst nahmen.

Der einzige Trost, den ich hatte, war meine Leidenschaft für gutes Futter, und das gab's und gibt es auf den Weiden und Wiesen um den Hof reichlich. Tagsüber wurde ich für gewöhnlich mit einer Gruppe von Stuten, die ihre Fohlen dabei hatten, auf die Weide gebracht. Anfangs waren die jungen Hüpfer ja recht possierlich, aber wenn die dann so ins Rüpelalter kamen, dann waren sie unerträglich und ärgerten mich, wo sie nur konnten.

Schließlich suchte und fand ich heraus, wie ich meiner eigenen Wege gehen, den nervtötenden Jungpferden entkommen und gleichzeitig meiner Fresslust freien Lauf lassen konnte.

Ich unterwanderte einfach die Elektrobänder, die um die Weiden gespannt waren. Wenn mal wieder keiner daran gedacht hatte, die Stromspannung zu prüfen und das tickende Geräusch nicht so laut war, nahm ich Anlauf, rannte mit Schwung unter der untersten Litze durch, und schwupp war ich draußen. Durch mein dickes Fell und die beidseitige dicke Mähne kam nur ein leichtes Kribbeln von dem Elektroband durch, was ich gern in Kauf nahm.

knister, zisch...

... endlich ganz allein auf weiter Flur - da konnte ich schlemmen und kein Mensch weit und breit...

... nur ein paar Rehe sahen mir zu.

Inzwischen kannte ich auch den Tagesrhythmus genau und wusste, wann die Menschen wiederkamen, um uns Pferde für die Nacht zum Stall zurückzubringen. Selbstverständlich war ich dann wieder zur Stelle, als ob ich nie fort gewesen wäre. Manchmal war mir, als fielen Bemerkungen wie „oh je, Gwendolyn ist schon wieder dicker geworden". Dabei waren die eingezäunten Weiden zum Herbst hin schon ziemlich abgegrast. Ich lachte mir eins und dachte, wenn die wüssten, wo ich überall war. So ging das eine ganze Weile.

Aber eines Tages war es plötzlich anders. Ich wollte loslaufen, aber es ging nicht. Mir taten die Hufe ganz furchtbar weh. Es war, als würde es im Inneren meiner Füße kochen und als ob die Hufe platzen wollten, und ich kam kaum von der Stelle. Da ich immer als Letzte hinter den großen Pferden herlief und nie angebunden war, fiel es wohl auch keinem Menschen weiter auf, wie langsam ich plötzlich ging - oder besser gesagt schlich. Auf der Weide angekommen, es war ja nicht weit, konnte ich dann auf dem weichen Gras einfach stehen bleiben. Selbst das war unangenehm, weil mir auch dabei immer der Huf wehtat, den ich gerade belastete, und so trat ich immer von einem Bein auf das andere, um sie abwechselnd zu schonen. Am liebsten hätte ich mich flach auf die Seite gelegt.
Meine Weide-Genossinnen sahen mich ganz komisch von der Seite an und tuschelten. Ich hörte bloß „wieso trampelt die denn immer auf einer Stelle?" und fand das überhaupt nicht lustig. Aber es war mir auch egal, nicht einmal Lust zum Ausbuxen hatte ich. Als wir dann abends zum Hof zurückgeholt wurden, ging es mir nicht besser. Ich kam erst am Stall an, als die anderen schon längst in ihren Boxen beim Abendfutter waren. Doch da muss mein Zustand wohl aufgefallen sein, denn auf einmal wurde hektisch telefoniert, Leute standen um mich herum, machten sorgenvolle Gesichter und schüttelten den Kopf. Ich verstand „zuviel gefressen" und dann fiel ein anderes Wort, das ich noch nicht kannte, das hieß „Hufrehe".

Heute weiß ich, dass für ein Pferd „Hufrehe“ etwa das gleiche bedeutet wie „Gefängnis“. Man wird eingesperrt und bekommt kaum noch etwas zu essen! Furchtbar ist das, ganz abgesehen davon, dass es einem sowieso so schlecht geht. Es kam dann der Tierarzt, maß meine Temperatur, befühlte meine Hufe, die sich ganz heiß anfühlten und verordnete mir sofort Umschläge um die Hufe herum, die immerzu mit kaltem Wasser begossen werden mussten.

Und das Allerschlimmste: ich bekam striktes Weideverbot und sollte abnehmen!!! Ich hätte heulen können, und auch meine Boxennachbarn fühlten mit mir und sprachen mir ihr aufrichtiges Bedauern aus. Soweit ich das begriffen habe, können Pferde Hufrehe bekommen, wenn sie zuviel Gras fressen, und es ist eine ganz schlimme Krankheit. Sie kann sogar dazu führen, dass sich ein ganz wichtiger Knochen - der heißt Hufbein - durch die Hufsohle bohrt und der ganze Huf kaputt geht, und so kann man als Pferd dann natürlich nicht mehr laufen.

 Man hat zwar vier Hufe, aber meistens bekommt man die Krankheit mindestens an den vorderen Hufen, manchmal auch noch hinten. Und wenn im schlimmsten Fall ein Pferd nicht mehr laufen kann, ja, dann muss es wohl bald sterben.

Es war total deprimierend, ich hatte doch gar nicht sooo viel gefressen, nur immer die leckersten Sachen rausgesucht. Die weniger schmackhaften Gräser habe ich sogar stehen lassen, davon kann man doch nicht so eine Krankheit kriegen! Ich fand das einfach ungerecht.

Tag und Nacht stand ich nun im Stall, als Gesellschaft einen Eimer Wasser und eine Handvoll Heu und Stroh.

Grauenhaft.

Manchmal brachte man mich ein, zwei Stunden in eine kleine Halle, damit ich mir ein bisschen Bewegung machen konnte. Aber da war nur so brauner Sandboden, kein einziger Grashalm, und das einzige was ich tat war, mich ausgiebig zu wälzen. Ansonsten gab es nichts zu tun. Selbst wenn noch ein oder zwei große Pferdekollegen zur Gesellschaft dazu gebracht wurden, wir langweilten uns so sehr, dass wir die ganze eine Seite der hölzernen Schiebetur von oben bis unten anknabberten. Auf dem Weg zu dieser Halle musste ich immer über einen Weg gehen, der kleine Steine als Belag hatte, und die taten mir unter der Hufsohle ganz grässlich weh. Sobald ich dann wieder auf weichem Sand war, ging es besser.

Mein Dasein war komplett öde geworden. Ich hatte immerzu Hunger und fraß das wenige Heu und Stroh gierig auf, obwohl es nicht besonders schmeckte und furchtbar trocken war. Nachts träumte ich ständig von grünen Wiesen und frischer Luft. Bestimmt war ich schon ein Klappergestell. Durch das viele Wälzen auf dem staubigen Hallenboden und in meiner Gefängniszelle war mein Fell ganz stumpf und grau geworden, meine Mähne glänzte nicht mehr, und vor lauter Langeweile hatte ich angefangen, meinen Schweif an der Boxenwand zu scheuern, so dass er in alle Windrichtungen abstand wie ein alter Malerpinsel.

Natürlich hatte ich ein paar Zellengenossen, die aber tagsüber meistens von ihren Besitzern aus ihren Boxen geholt wurden zu einem Ausritt, einer Trainingsstunde oder zum Weidegang. Nur ich nicht. Manchmal war ich am Tage stundenlang völlig allein in dem großen Stallgebäude. Dann wieherte ich ganz laut vor Verzweiflung und warf meinen Wassereimer um, aber außer den üblichen belanglosen Worten wie „ach, arme kleine Gwendolyn, hast Du schon abgenommen?“ oder „na Gwendolyn, langweilig, nicht?“ tat sich nichts.

Ich weiß nicht, wie lange ich das mitgemacht habe, mir war, als hätte ich alles Zeitgefühl verloren. Es mussen bestimmt mehrere Monate gewesen sein. Denn als ich krank wurde war es Spätsommer, und auf dem kurzen Weg von meiner Zelle zu der Halle mit dem Sandboden konnte ich beobachten, wie erst der Herbst die Blätter an den Bäumen golden färbte, wie dann das Laub herunter fiel und wie es schließlich Winter wurde mit viel Regen und viel Dunkelheit.
In dieser dunklen Jahreszeit geschah es dann, dass immer öfter zwei Menschen aus dem Stallgebäude neben mir abends bei mir vorbei schauten, mich mit Namen ansprachen, mich streichelten und mir eine kleine Möhre oder einen winzigen Apfel zusteckten. Das fand ich schon sehr nett, und dann begannen sie, mich endlich mal wieder aus meiner Zelle zu befreien und mit mir ein wenig auf weichem Boden spazieren zu gehen. Dabei zeigten sie mir auch ihren Stallteil, wo sie schon drei eigene Pferde stehen hatten. Die Boxen dort erschienen mir auf Anhieb dreimal so groß wie meine! Sie hatten schöne grüne Wände und alle Pferde hatten einen eigenen Salzleckstein. Und natürlich viel mehr Stroh und Heu als ich.
Es gab auch ein riesiges gelbes Ding auf Rädern, das sie Staubsauger nennen und mit dem sie ihre Pferde immer sauber machten, wenn die sich irgendwo gewälzt hatten. Damit wurde ich als erstes gründlich abgesaugt.

Das Ding macht einen Höllenlärm, aber es massierte irgendwie sehr schön mein schmutziges Fell und die Haut, und ich hatte überhaupt keine Angst davor. Dann wurde ich gestriegelt und gebürstet, meine Hufe wurden gefettet und die Mähne und der Schweif entfilzt und gekämmt.

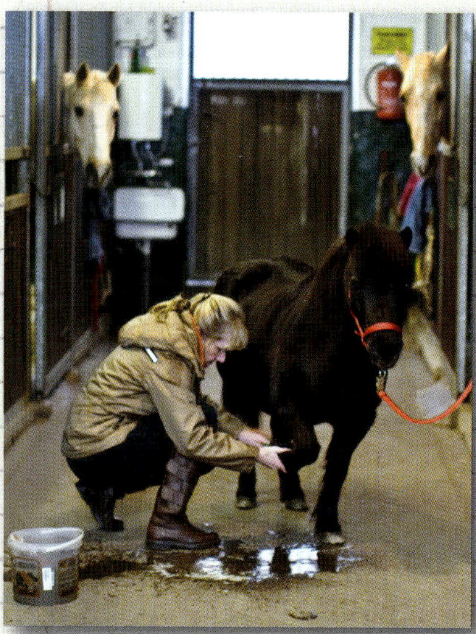

Hufe waschen und fetten

Nacharbeiten im Freien

Diesmal genoss ich die ganze Putzerei sogar sehr, insbesondere, weil sich endlich nach der langen Zeit mal wieder jemand um meine Person kümmerte.

Jedes Stallgebäude des Hofes hat hier einen Namen, und ausgerechnet das, was sie mir nun zeigten, heißt Ponystall, obwohl da kein einziges Pony drin war. Angeblich hatten die früheren Eigentümer den Namen erfunden, und so war es geblieben. Ich dachte noch so bei mir, da würde ich ziemlich gern wohnen, dann trüge das Haus doch den Namen Ponystall endlich zu Recht.

Die beiden neuen Menschen aus dem Ponystall kamen jetzt ganz regelmäßig zu mir und sagten mir auch ihre Namen: Christa und Hans, was für meine Begriffe ziemlich schlicht klingt, fast wie mein alter Name Wendy II. Da habe ich mich insgeheim noch gewundert, warum die beiden sich nicht auch einfach umgetauft haben, so wie man es bei mir gemacht hat. Christa und Hans gingen mit mir dann auch wieder in die Halle mit dem Sandboden, und ab dem Moment hatte ich absolut keine Zeit mehr, die Türen dort anzuknabbern. Ich musste laufen, mich bewegen, erst ganz vorsichtig und dann immer etwas länger. Und über kleine Balken hopsen musste ich auch andauernd. Ich war ja völlig aus der Übung, hatte null Kondition und schnaufte schon bei der kleinsten Anstrengung. Und dann lernte ich Siddi kennen, einen lustig aussehenden, bunten Hund mit zwei verschiedenen Augen, eins blau, eins braun. Und ganz viel Fell hat der und ist ständig in Bewegung und am rumrennen. Er gehört zu Christa und Hans.

Das ist Sidney - genannt Siddi

Eigentlich heißt er laut Stammbaum Dragonfly Dreams Silent Soul und ist ein Australian Shepherd, aber von Silent Soul – das heißt auf Deutsch „stille Seele" – ist er weit entfernt. Hauptsächlich hat er Blödsinn im Kopf, Schafe hat er bestimmt noch nie gehütet, und auch kommt er keineswegs aus Australien, nicht mal aus Amerika – sondern aus dem Kohlenpott, sprich Nordrhein-Westfalen. Und diesen aufgedrehten Brummkreisel machten sie gleich zu meinem persönlichen Konditionstrainer!

Als erstes machte er mir vor, wie man elegant über ein Hindernis springt.

...in der Tat, beeindruckend, aber dann überraschte ich ihn...

...ich bin nämlich auch nicht schlecht – hätte er nicht gedacht...

übrigens – an der angeknabberten Tür im Hintergrund habe ich aktiv mitgearbeitet!!!

Und genauso abgehoben wie er springt kann Siddi rennen und sogar dabei etwas fangen. Das geht so: der Mensch wirft eine flache Scheibe, die Frisbee genannt wird. Siddi rast los und fängt sie locker im Flug. Toll, besonders der Endspurt!

Achtung, fertig, los...

Gleich hast du sie...

... voll konzentriert - von vorn gesehen

Erwischt!

Und dann hat er mich geärgert: mit der Scheibe im Maul rannte er so lange vor meiner Nase hin und her und wirbelte Staub auf, bis ich genug hatte und ihm zeigte, dass ich viel schneller bin als er.

Die wilde Jagd beginnt!

Siddi mit der Scheibe vorweg.

Ich mindestens genauso schnell hinterher.

Der kann vielleicht Haken schlagen ...

Es machte richtig Spaß ...

... fast wie die Hasen, die ich manchmal bei meinen früheren Wald- und Wiesenausflügen sah!

Und ich konnte auch ganz plötzlich zackige Wendungen,

... ich buckelte sogar vor Freude, und meine Hufe taten mir überhaupt nicht weh.

So nett Christa und Hans auch zu mir waren, eins habe ich ihnen gleich anfangs ziemlich übel genommen. Sie gönnten mir kaum einen Grashalm am Wegesrand!

Und das war die Krönung: sie kamen eines nachmittags mit einem komischen schwarzen Ding an, so einer Art Gummitopf, das sie an den Nasenriemen meines hübschen roten Halfters knüpften und mir über das Maul stülpten. Mit den Worten „so, Gwendolyn, nun kannst Du grasen gehen“ führten sie mich dann aufs Gras. Eine bodenlose Gemeinheit war das! Das Ding wird von den Menschen „Fressbremse“ genannt und hat ein winziges rundes Futterloch im Boden. Aber wie, bitte sehr, sollte ich da Gras durchkriegen???? Es heißt, Rehe-Pferde wie ich dürften damit wieder auf die Weide, weil sie dann nicht mehr solche Grasmengen ins sich hineinstopfen können wie vorher. Leuchtet irgendwie ein.
Ich bekam jedoch erst mal gar nichts rein und versuchte sofort mit aller Kraft, mich dieses Teils zu entledigen, aber es ging einfach nicht ab. Wütend stampfte ich mit dem Huf auf und schlug Löcher in den Boden. Christa hatte mich natürlich am Halfterstrick, damit ich nicht weglaufen konnte.

Sie steckte mir immer wieder ein paar Halme durch das kleine Loch in der Gummiplatte und klopfte dabei mit der flachen Hand auf das Grasbuschel. Ich verstand es einfach nicht. Glücklicherweise nahm man mir das Marterinstrument bald wieder ab, und ich durfte mir noch ein paar Gräser auf pferdegerechte Art rupfen, aber leider nicht sehr lange. Am liebsten hätte ich eine wahre Fressorgie veranstaltet, so ausgehungert nach Grünzeug war ich. Es war mir auch ganz und gar egal, ob ich dann wieder diese üblen Fußschmerzen kriegen würde, Hauptsache erst mal so viel und so schnell wie möglich fressen. Wenn man mich ließe, ich glaube ich könnte es im Dauerfressen mit einer ganzen Schafherde aufnehmen.

In der Hinsicht war mit meinen neuen Menschen leider nicht zu reden. Sie passten auch furchtbar auf, dass ich nicht wieder ausbuxte. Einmal hatte ich Hans nämlich ausgetrickst. Ich hatte in der kleinen Sandhalle äppeln müssen, und Hans machte die Schiebetür auf, um eine Schaufel zu holen.
Blitzschnell war ich an ihm vorbei und in gestrecktem Galopp auf der großen Wiese neben dem Außenviereck. Es waren ein paar herrliche Augenblicke, wie das schmeckte! Leider nur ein kurzer Ausflug, schnell war ich wieder eingefangen, und von da an wurde höllisch aufgepasst, dass nicht wieder eine Tür offen stand.

Inzwischen war es Mai geworden, es wurde wärmer und alles grünte und blühte. Die triste Hallenzeit sollte ein Ende nehmen, denn ich wurde nun zum ersten Mal auch auf dem Außenviereck draußen longiert. Es war herrlich, in der frischen Luft zu laufen.
So ganz war das mit meinen Füßen noch nicht in Ordnung. Immer, wenn ich auf einen kleinen Stein im Boden trat, tat es gleich auf meinen Hufsohlen weh. Ich fürchte, damit muss ich wohl künftig leben und versuchen, wo immer es nur geht, auf Sand statt auf Stein zu laufen.
Auch müssen meine Hufe immer ganz gründlich saubergemacht werden von meinen Menschen. Mein Hufschmied, der Frank, hat schon früher immer mächtig geschimpft, wenn das nicht ordentlich gemacht wurde. Er kommt ganz regelmäßig und macht meine Pediküre, so wie es die Menschen mit ihren Fußnägeln ja auch machen.

Um einen Hufschmied vor einem Pferd auf die Knie zu zwingen...

...braucht es schon ein so kleines Pony wie mich!

Wenn große Pferde solche Hufkrankheit bekommen wie ich, dann macht man ihnen einen speziellen Rehe-Beschlag mit einen Polster unter der Sohle, damit sie nicht jeden Stein merken. Ich hatte noch nie irgendeinen Hufbeschlag und denke mir, dass ein Schmied für meine kleinen Hufe bestimmt eine Lupe brauchte, musste er mir Eisen anpassen. Und ob es so kleine Eisen überhaupt gibt???

Mit der Nagelzange kurzt Frank meine Hufränder und feilt sie anschließend glatt.

Der Longierplatz draußen im Freien gestaltet sich zuweilen wie eine Showbühne und kann viel kurzweiliger sein als drinnen. Man kann so allerhand erleben, weil da zwei Pferde nebeneinander longiert werden können, ohne sich gegenseitig auf die Füße zu treten.
Einmal wurde neben mir Doc Donaldson longiert. Das ist nicht etwa unser Tierarzt sondern so heißt einer meiner Pferdekollegen der Größe XXL. Hier sehen wir sein besonderes anregendes Spektakel.

Doc und ich brav auf dem Zirkel …

… oder nennen wir es in der Warte-schleife …

... Doc geht auf die Startbahn ...

... und hebt ab ...

Hilfe, ich fürchte mich!

Nanu, sind das die berühmten Schulen über der Erde?

... runter kommen
sie immer ...

Saubere Landung!

Und dann änderte sich zu meiner großen Überraschung wieder etwas in meinem Leben: Meine neuen Freunde, Christa, Hans und Siddi, kamen eines Tages zu mir, machten geheimnisvolle Gesichter und sagten dann „Gwendolyn, erst warst Du ja nur unser Pflegepferd, aber ab sofort gehörst Du uns ganz und kommst zu uns in den Ponystall“. Wobei Siddi ein besonders breites Grinsen zeigte und wie aufgedreht hin und her wieselte.
Kurzerhand nahmen sie mich beim Halfter und wanderten mit mir ein Haus weiter, wo ich zu meiner großen Freude eine dieser schönen, großen Boxen mit den grünen Wänden bezog.

... bin ich das vielleicht?

Mein neues Zuhause.

 Eigentlich wollte ich noch rufen, dass wir meinen Wassereimer vergessen hatten, aber dann sah ich, dass das nicht mehr nötig war. Extra für mich hatte man die automatische Tränke , die eigentlich für meine großen Kollegen ganz weit oben an der Wand angebracht war, auf meine Kopfhöhe versetzt. Von nun an konnte ich Wasser trinken wann und soviel ich wollte und war nicht mehr auf diesen dummen Eimer angewiesen, der alle Nase lang umfiel. Einen eigenen Salzleckstein bekam ich auch!
Der Boden war schön dick mit Stroh bedeckt, und unter der Tränke lachte mich ein leckerer, wenn auch kleiner, Heuhaufen an. Und ich hatte auf einmal viel mehr Platz! Sofort wälzte ich mich genüsslich mindestens vier-, fünfmal hin und her bis ich von oben bis unten mit Stroh bedeckt war. Dann machte ich mich über das Heu her, das in Windeseile in mir verschwand. Danach ging ich zu der automatischen Tränke, drückte mit dem Maul auf den Hebel und trank. Christa und Hans waren perplex, dass ich das sofort konnte und lobten meine Intelligenz. Manche Pferde - ich erfuhr es später - brauchen nämlich Tage, bis sie die Technik begreifen, wobei man einen bedeutungsvollen Blick auf meinen semmelblonden Boxennachbarn links von mir werfen könnte - ich will aber keine Namen nennen. Dann wischte ich mir sehr zufrieden mein Maul ausgiebig am Gurtband der neuen roten Boxensperre ab, die als meine Tür dienen soll und fand, dass die auch als Serviette sehr gut geeignet ist.
Aus den benachbarten Stallungen kamen noch andere Menschen herüber gelaufen, die mich zu meinem Umzug beglückwünschten, und einer meinte zu mir „Gwendolyn, Du hast jetzt ja eine richtige Designerbox“. Was genau das zu bedeuten hatte, erklärte mir aber keiner. Von meinen neuen Besitzern Hans und Christa - bisher hatte ich ja nur Arbeitgeber - kam dazu gleich noch eine Warnung „Gwendolyn, wenn Du jetzt versuchst, auch noch das ganze Stroh aufzufressen, dann kommst Du auf Späne ...“
Ich wusste nicht, was sie mit Spänen meinten, hielt mich aber zumindest kurzfristig vornehm zurück.

Ich hatte ja noch meine neuen Nachbarn zu erkunden. Also, gleich rechts neben mir wohnt ein gestandener schwarzer Friese, der Nico heißt und ein schon etwas älterer Herr ist. Seine leicht ergraute Stirn versteckt er geschickt hinter einem dicken Schopf, der ihm bis über die Nase reicht. Leider musste er sich vor einiger Zeit von seiner langen Mähne trennen.

Irgendwelche Plagegeister von Insekten hatten es sich in seiner schönen Mähne gemütlich gemacht, was ihn so juckte, dass er immer scheuern musste, bis fast alles ab war.

Und der Rest fiel der Schermaschine zum Opfer. Hat er mir gleich erzählt. Er ist sage und schreibe genau zehn Jahre älter als ich, und ist noch super gut drauf.

Er kommt aus Holland und hat einen ganz berühmten Vater, dem man den seltsamen Namen Oege 267 gegeben hat. Aber das ist natürlich schon Geschichte, genau wie meine adlige Großmutter.

Nico ist irre nett zu mir, richtig rührend, er hat mir gleich durch die Gitterstäbe, die uns trennen, etwas von seinem Heu angeboten, als meins alle war. Vermutlich freut er sich, endlich mal ein weibliches Wesen im Stall zu sehen und nicht immer bloß die beiden Kerle mit dem komischen Gang hinten in den beiden Fensterboxen.

Nico – noch mit voller Haarpracht...

Man hat mir erklärt, dass jene beiden Blonden amerikanische Gangpferde sind, die man Missouri Foxtrotter nennt. Und wegen ihrer helle Fellfarbe nennt man sie auch Palominos.
Sie werden „D.J". und „Sonne" gerufen, was mir reichlich eigenwillig
vorkommt. Allerdings haben sie noch ellenlange andere Namen, die auf den Tafeln an ihren Boxentüren stehen. Bevor die beiden hierher kamen, haben sie in Arizona in der Wüste gewohnt.

Sonne in Ausgehmontur

D.J. - noch in Arizona

Ich hoffe bloß, dass sie inzwischen unsere Sprache gelernt haben. Dann könnten sie mir vielleicht ein bisschen erzählen, wie es so ist, im Wilden Westen inmitten von Stachelbüschen und Kakteen zu leben, ganz ohne unser schönes grünes Gras. Mein Englisch beschränkt sich nämlich nur auf „whoa" und „back", was soviel wie „halt" und „zurück" heißt und in der Kommunikation zwischen Pferd und Mensch häufig gebraucht wird.

 Bevor ich näher auf meine neuen Nachbarn eingehe, muss ich aber noch erzählen, wie es mit mir und der vertrackten Fressbremse weiterging: Mir war in Aussicht gestellt worden, dass ich in absehbarer Zeit auf eine wunderbare neue Weide käme, vorausgesetzt, ich freunde mich mit diesem ekelhaften Korb vorm Maul an. Meine Fortschritte damit waren trotz diverser neuer Versuche gleich null geblieben, bis eines Tages ein kleines Wunder geschah.

Christa setzte mir, wie üblich, das Ding auf die Nase, und ich wollte gerade meine Frusthaltung einnehmen. Die sah so aus, dass ich zwar den Kopf senkte, aber gar keinen Versuch mehr machte, überhaupt Gras damit zu fressen.

Da kitzelten mich plötzlich ein paar Halme direkt durch das Loch im Korbboden am Maul, ich setzte die Bodenplatte des Korbes auf das Grasbuschel, und siehe da - ich konnte plötzlich fressen, es funktionierte! Jetzt war ich voll konzentriert. Wenn Pferde das könnten, hätte man mich vor Anstrengung wahrscheinlich die Stirn runzeln sehen. Büschel um Büschel verschwand in meinem Maul, sehr langsam, nur jeweils der obere Teil der Halme und für meine Begriffe viel zu wenig, aber immerhin, es ging. Hurra! Meine Menschen freuten sich riesig, und ich fand, ich hatte eine große Leistung vollbracht. Wie das geschehen konnte? Man hat es mir später verraten. Da ich in Sachen Fressbremse wohl das begriffsstutzigste Pony unter der Sonne war, hat man das Loch im Boden des Futterkorbes einfach etwas vergrößert, damit ich es leichter hatte, diese spezielle Fresstechnik zu begreifen.

Ok, manchmal brauchen wir Pferde ebenso wie Menschen ein wenig Nachhilfe.

Am nächsten Tag ging es los, der erste Weidegang nach meiner Gefangenschaft. Natürlich mit dem schwarzen Ding vorm Maul. Ich kannte die Gegend ja ganz gut von meinen früheren Ausflügen, und als ich den Weg Richtung Weide erkannte, wurde ich immer schneller und konnte es kaum erwarten, aufs Gras zu kommen, Fressbremse oder nicht.

Angekommen lief ich los, das erste Mal in Freiheit – es war strahlender Sonnenschein, nicht zu heiß, und die Weide glänzte in saftigem Grün. Erst einmal lief ich am Zaun lang.

...die Zauninspektion

... huch,
was ist
das denn?

... oh je,
doch nicht
mit mir, hier und jetzt!

Der sah verdächtig neu aus, und er hatte zwei extra Reihen Elektroband genau in meiner Höhe. Die Schlaumeier von Menschen hatten diesmal vorgesorgt, damit ich nicht wieder so locker irgendwo durchkriechen kann! Na gut, war ja auch nicht nötig, hier gab es ja vorerst genug zu essen. Und was sahen meine erstaunten Augen da noch? Etwas Blaues, Dickes, Rundes und etwas großes, langes Weißes, mit einer Art Bild drauf. Was sollte das denn?

Lieber Himmel, die hatten mir doch allen Ernstes Pferdespielzeug auf die Weide gestellt, und was für welches. Das runde Ding war natürlich ein großer Ball, der beim kleinsten Windstoß auf mich zu kullerte, obwohl ich seine Bekanntschaft jetzt nun wirklich nicht machen wollte. Aber erst das große weiße Ding. Erst war es mir etwas suspekt, ich konnte darauf eine Art Tierbild erkennen, nehme aber nicht an, dass es ein Pferd sein sollte, denn dazu war es zu albern. Meine Menschen versuchten mir zu erklären, dass man als Pferd damit spielen kann, denn es heißt „Horsebuddy". Zum Beispiel, wenn man dagegen tritt oder rempelt, fällt es um, aber es richtet sich sofort wieder auf. Aha! Man muss nicht lange raten um zu wissen, wo so etwas wohl herkommt. Hans hat es extra für mich aus Las Vegas, der berühmten amerikanischen Spielerstadt, mitgebracht. Ob die da alle mit einem Horsebuddy spielen, oder hab' ich das falsch verstanden???

Las Vegas oder Buxtehude – ist mir wurscht...

...ich fange endlich an zu grasen

Ich jedenfalls beschloss, den Kinderkram links liegen zu lassen und konzentrierte mich lieber für die nächsten anderthalb Stunden aufs Fressen. War das schön! Ich habe trotz Fressbremse eine ganze Menge reingekriegt und war den ganzen Tag bester Laune.

Natürlich wäre ich gern viel länger draußen geblieben, aber da war nichts zu machen. Es hieß, ich müsse langsam wieder ans Gras gewöhnt werden, man nennt das auch „anweiden“.
Damit ich künftig nicht ganz allein auf der großen Weide sein muss, beschlossen Hans und Christa, mich nun langsam mit meinen Mitbewohner näher bekannt zu machen. Aber nicht gleich draußen auf der Wiese sondern vorerst zum Beschnuppern auf dem großen Paddock am Dressurviereck. Manchmal ist es ja doch so, dass sich Pferde nicht unbedingt mögen, und gerade mir ist da schon soviel Gemeines passiert - siehe mein erstes Gesellschaftspferd - so dass ich da eher vorsichtig bin und lieber einmal zuviel als zu wenig auskeile, wenn mir einer zu nahe tritt.
Das war bei meinem neuen großen Freund Nico allerdings ganz und gar nicht nötig. Der ist ja ein richtiger Kavalier! Lässt mir fast immer den Vortritt, bedrängt mich nicht, rempelt mich nicht an, und beißen und treten tut er schon gar nicht.

Na, Du bist ja ganz nett ...

... richtig sympathisch!

Erst haben wir uns ganz zivilisiert beschnuppert, ohne dass einer von uns die Ohren anlegen musste, dann haben wir uns gemeinsam über die aufdringlichen Fliegen geärgert...

... und ein wenig in der Gegend herumgeguckt ...

... wobei ich zwischendurch versuchte, über den Zaun hinweg schnell ein paar Halme zu schnappen, während Nico auf mich aufpasste ...

... und schließlich sind wir eine kleine Weile richtig losgaloppiert.

... Nico lief zu seiner Hochform auf.
... und

Er freute sich so über mich, dass er richtig hüpfte wie ein Känguru.

... und auch sonst schien er sich an seine Jugend als feuriger Hengst ganz gut zu erinnern, denn er warf richtig elegant den Kopf und stolzierte mit Imponiergehabe um mich herum.

Toll! Wir verstanden uns prächtig.

Nach dem Toben eine kleine Pause...
... wie gesagt, Rot steht mir am Besten.

Gleich am nächsten Tag hatten Nico und ich aber eine Behandlung zu überstehen, um die man sich als Pferd - vermutlich auch als Mensch - nicht unbedingt reißt. Der Zahnarzt war da. Oh je! Auch bei Pferden muss man die Zähne hin und wieder kontrollieren lassen, das ist ganz normal. Es ist eine sehr unangenehme Prozedur, weil man die ganze Zeit das Maul offen stehen hat und der Zahnarzt einem unendlich lange mit diversen Gerätschaften und Raspeln am Gebiss herumfummelt, dass es im Kopf nur so dröhnt. Hans und Christa fanden aber, dass sie noch nie ein so cooles Pferd wie mich bei der Zahnbehandlung erlebt haben.

Gelbe Zähne? Wie wär's mit einem Bleaching... über Risiken und Nebenwirkungen frage ich meinen Arzt und Apotheker...

Alle anderen Pferde bekommen vorher immer Beruhigungsspritzen und stehen dann ganz wackelig da. Der Kopf wird immer schwerer, und der Mensch hat alle Hände voll zu tun, allein schon den großen Pferdekopf festzuhalten, damit er nicht bis auf die Knie runtersackt und der Zahnarzt gar nicht in das Maul hineinleuchten kann.
Ich dagegen stand ohne jegliche Betäubung wie ein Fels in der Brandung. Trotz des merkwürdigen Gerätes - das nennt man Maulgatter - das man mir aufgesetzt hatte. Es soll verhindern, dass man das Maul vorzeitig zuklappt und womöglich zubeißt. Ich wich keinen Zentimeter zurück, obwohl ich es hätte tun können, denn ich war nicht mal angebunden. Christa musste nur meinen Kopf ein wenig gerade halten und das Zahnarzt-Halfter festhalten, das mir natürlich viel zu groß war.

Ich dachte mir, Augen zu und durch, dann hab' ich es hinter mir - und vor allem, ich durfte danach gleich in meine Box zu meinem Abendessen.

Jetzt kommt das Maulgatter.

... sieht ja schrecklich aus mit dem Gestell, und das Gefummel in meinem Maul ist auch nicht lustig ...

... noch ein bisschen raspeln, und dann ist er hoffentlich fertig

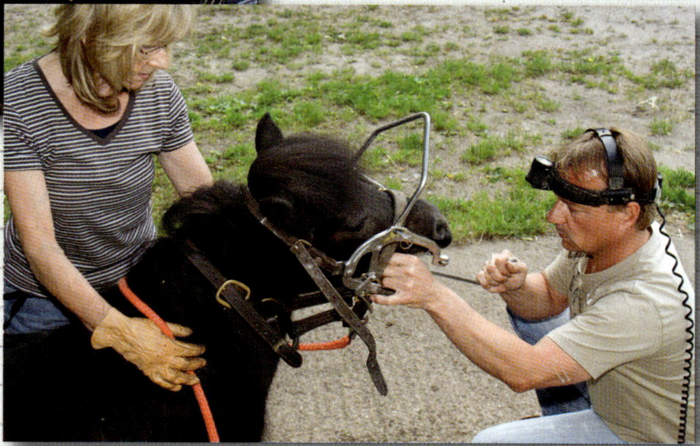

Nico, war anschließend dran und musste eine Beruhigungs-spritze bekommen, weil seine Behandlung länger dauerte und er sowieso viel empfindlicher ist als ich.

Vielleicht haben die Menschen auch nur Angst, dass sich so große Pferde ohne Betäubung – vornehmer heißt das Sedierung – gar nicht erst behandeln lassen. Die könnten sie nämlich nie im Leben gegen ihren Willen festhalten, weil ein Pferd in Wirklichkeit doch viel mehr Kraft hat als ein Mensch. Na, wie dem auch sei, danach musste der arme Kerl noch zwei Stunden auf sein Abendessen warten, weil man nach so einer Sedierung erst fressen darf, wenn man wieder ganz bei Sinnen ist. Sonst kann man sich verschlucken oder irgendwelche anderen Probleme kriegen.
Auf jeden Fall haben wir beide die Tortur für eine lange Zeit hinter uns, aber meine anderen beiden Mitbewohner, D.J. und Sonne, die sind erst nächste Woche dran. Gut, dass sie das noch nicht wissen, sonst wären sie heute wohl nicht so fröhlich.
Mit D.J. – er heisst eigentlich Danney Joe's Traveling Mercy – habe ich mich dann auf dem Paddock auch ganz gut vertragen. Wir sind beide gleich alt, und wir haben noch etwas gemeinsam – die Freude an gutem Futter. Hans sagt, D.J. ist eine Fressmaschine, genau wie ich. Das kommt sicher daher, dass er in Arizona nur Kakteen zu essen hatte, und nun muss er alles nachholen. Auf jeden Fall ist D.J. auch ein Teiler, er hat mir gleich am Stall aus seinem Fenster etwas von seinem Heu abgegeben, genau wie Nico. Fand ich schwer in Ordnung.

... danke, D.J., da haben wir ja etwas gemeinsam ...

Auf dem Paddock haben wir erst mal gemeinsam ein wenig Gras gerupft....

... und sind dann losgelaufen.

Noch ganz zivilisiert, aber dann..

... dreht D.J. auf und will mich überholen...

... und sogar frech abdrängen ...

... kehrtwendung, Mann, der ist mächtig in Fahrt ...

...ich schalte doch lieber den Turbo dazu ...

... und bringe mich in Sicherheit!

D.J. hat ganz schön Gas gegeben, und es wurde mir doch etwas zu wild. Sicher meint er es nicht böse, sein Temperament scheint einfach anders gelagert zu sein als meins.

 Hans sagt, D.J. sei manchmal auch ein bisschen ungeschickt, so ein richtiger Paddelfuß, weil er beim Laufen immer so viel mit seinen Beinen herumschlackert.
Das wird womöglich an seiner besonderen Gangart liegen, denn Missouri Foxtrotter sind so genannte Gangpferde und können – wie zum Beispiel die Isländer den Tölt – eine ganze Reihe verschiedener Viertaktgänge. Sie heißen dann ganz kompliziert im Englischen Foxtrot, Running Walk, Flatfoot Walk oder Single Foot (das ist Tölt). Galoppieren können sie natürlich auch. Naja, und bei so vielen Varianten kommt der gute D.J. Paddelfuß noch manchmal ins Schleudern. Kann ich gut verstehen, mir reichen schon meine drei normalen Grundgangarten, die bestehen schlicht aus Schritt, Trab und Galopp.

Nun komme ich noch auf meinen anderen Nachbarn namens Sonne zu sprechen, und den finde ich ausgesprochen zickig. Ein richtiger Streithammel ist der. Wohnt schon ewig bei Hans und ist jedes Mal eifersüchtig, wenn ein neuer Mitbewohner dazu kommt. Jedes Pferd das es wagt, unbedacht an seiner Boxentür vorbei zu gehen, wird erbarmungslos ins Hinterteil gezwackt. Und dann grinst er richtig und wackelt immer mit dem Kopf rauf und runter wie eine Ölpumpe! Nur bei Nico wagt er es nicht, der ist nämlich Rudelchef. Außerdem wirft er immer sein ganzes Heu aus dem Fenster, wühlt Riesenlöcher in sein Boxenstroh und äppelt überall hin, anstatt sich eine ordentliche Äppelecke auszusuchen, damit es die Menschen mit dem Saubermachen leichter haben.
Mit richtigem Namen heißt er Machine's Sundancer, und da das viel zu lang ist, hat man ihn in Sonne umgetauft. Wie ich hörte, hat er in Amerika eine bessere Ausbildung gehabt als D.J. Darauf bildet er sich wahrscheinlich heute noch was ein, obwohl er mit seiner angeschlagenen Gesundheit eigentlich ins Betreute Wohnen umziehen sollte.

Ihn hat vor einigen Jahren eine ganz üble Krankheit mit einem unaussprechlichen Namen und dazu Rehe an allen vier Hufen erwischt, und zwar so schlimm, dass er fast im Pferdehimmel gelandet wäre. Das tut mir allerdings auch wirklich leid, ich weiß ja inzwischen selbst, wie schmerzhaft diese Hufgeschichte ist.
Vielleicht hat das seine schlechtes Benehmen noch verstärkt. Hans sagt allerdings, das hat schon immer zu wünschen übrig gelassen. Inzwischen geht's Sonne wieder recht gut, aber er ist Frührentner. Draußen darf er auf dem Paddock mal toben, und auf die Weide kommt er nur mit Fressbremse, damit er nicht zuviel Gras bekommt, genau wie ich. Vielleicht gar nicht verkehrt, da kann er wenigstens keinen beißen.
Hier sieht man die gute Sonne (oder soll ich sagen den guten Sonne?) in voller Aktion mit seinem Kumpel D.J. Ich sage nur, rette sich, wer kann!

Es geht los:
Sonne vorn ...

D.J. wird ausgebremst....

Erstaunlich beweglich
für einen Frührentner ..

Sonne, rechts,
nimmt Maß,
beschleunigt ...

...und schnapp..das ist Sonne, wie er leibt und lebt!!!

D.J. hat sich mit der Zeit ein ziemlich dickes Fell zugelegt und ist meistens sehr duldsam Sonne gegenüber. Irgendwie verstehen die sich trotzdem. Ich muss das wirklich bewundern.

Nach diesen beiden Vorführungen beschlossen Hans und Christa folgerichtig, mich künftig doch lieber mit dem schwarzen Nico zusammen auf das eine Stück Weide zu lassen, während die beiden Blonden getrennt die andere Hälfte beziehen würden. Dann kann Sonne mich nicht ärgern und D.J. mich nicht umlaufen. Und so wird es jetzt gemacht, ich bin zufrieden damit.
Seit einiger Zeit fiel mir auf, dass in meiner Box immer weniger Stroh und dafür immer mehr von so einem flockigem Zeug, das nach Sägemehl roch, vorzufinden war. Das mussten die Späne sein, die man mir angedroht hatte, aha. Fand man mich etwa immer noch zu dick? Wie ich Diätkuren hasse! Das Stroh hatte mir geschmacklich weit besser gefallen.

...aber dafür eignen sich die Späne erstklassig zum Wälzen, man sieht danach aus, als ob es geschneit hat, und das mitten im Sommer.

Neulich habe ich etwas ganz Cleveres fertiggebracht. Christa war mal wieder am Quasseln mit diesem Piepding am Ohr, und hatte darüber vergessen, meine Boxensperre wieder einzuhängen.
Die Tür zur Sattelkammer war sperrangelweit offen, und es roch sooo gut nach Äpfeln! Ich da rein, blitzschnell den schönen „Pink Lady" vom Kühlschrank geräumt und weggemampft, gleich mit Etikett und allem. Der war so saftig, dass ich den ganzen Fußboden voll gekleckert habe. Hmmm

... gleich hab' ich ihn ...

D.J. und Sonne waren ganz neidisch auf mich, die waren noch nie in der Sattelkammer, nur Nico kennt sich da auch aus. Der soll mal in jungen Jahren eine Hortensie aus der Fensterbank geklaut und aufgegessen haben. Er musste dann rückwärts wieder raus, weil sein Wendekreis für die kleine Kammer viel zu groß war. Darüber lachen die Menschen heute noch.

Irgendwie haben Christa und Hans plötzlich durchblicken lassen, dass ich ihrer Meinung nach nicht ausgelastet bin.
Sie hätten schließlich noch drei andere Pferde zu bewegen und auch noch einen Job, und man wolle sich dazu etwas einfallen lassen.
Und dieser Einfall hieß Janne. Janne ist ein junges Mädchen und, wie man sagt, sehr „Pony-erfahren". Sie geht noch zur Schule, aber in jeder freien Minute reitet und betreut sie ganz viele Ponys auf einem Ponyhof hier in der Nähe.

Der Ponyhof liegt mitten im Wald an einer Waldschänke, wohin die Menschen Ausflüge machen können. Und dann können sie sich dort für eine halbe Stunde auch ein Pony für ihre kleinen Kinder ausleihen und sie darauf reiten lassen. Das sieht allerdings nur so aus, dass das Kind in den Sattel gehoben wird, darauf sitzt und sich am Knauf festhält, und einer großer Mensch führt das Pony im Schritttempo durch die Waldwege. Janne kann aber wirklich richtig reiten, auch große Pferde, weil ihre Eltern welche haben, sie weiß also gut mit Pferden umzugehen.
Das habe ich auch gleich gemerkt, als wir uns kennen lernten. Sie wollte mal eben probieren, wie es sich auf mir sitzt, und ich habe meinen alten Trick mit dem sturen Stehenbleiben versucht. Keine Chance. Janne bekam mich zum Laufen ehe ich protestieren konnte – und dann nahm sie aus Jux auch noch den großen D.J. als Handpferd!

Ganz schön dreist.

Ganz ehrlich – für mich zierliches Pony ist Janne doch schon etwas zu groß, oder?

Etwas später - das Ganze noch einmal, nur umgedreht. Viel besser, nicht wahr?

Wie man sehen kann, brachte Janne eine kleine, schwarze Hündin mit Bart, wachen Augen und großen Ohren mit. Und die hat eine ganz besondere Geschichte. Sie ist nämlich eine echte Russin!

Borka - so heißt sie heute - ist ein Findelhund aus Moskau. Dort saß die kleine Hündin einsam und verlassen mitten im Winter bei zwanzig Grad minus jeden Morgen am Eingang eines Kindergartens, wo sie offenbar ausgesetzt worden war. Schließlich hatten die Eltern eines der Kinder Mitleid und nahmen das frierende Bündel mit nach Hause. Besondere Angst hatte die Kleine vor großen Männern mit Stöcken, was leider tief blicken lässt. Borka wurde von den netten Leuten aufgepäppelt, sie bekam alle Impfungen und wurde mit einem Chip versehen, wie es heute üblich ist. Und dann kam sie nach Deutschland!

Aber dann wurde es ernst: Janne brachte zu unserer ersten Stunde gleich ein schrecklich schlaues Buch mit – „Die Pony-Akademie“. Da stehen vielleicht Sachen drin!

Von Versammlung und Aufrichtung, von Untertreten und Hankenbeugung, von Konditionierung und Durchlässigkeit. Manchmal bin ich direkt froh, dass meine Hufe nicht mehr so ganz in Ordnung sind, da wird man mich eventuell nicht ganz so arg piesacken!

Heute sollte aber nur ein erstes Gelassenheits-Training gemacht werden, wo sich zeigen soll, wie nervenstark ich bin. Davor fürchte ich mich überhaupt nicht! Das packe ich. Natürlich war schon wieder das unvermeidliche Spielzeug aufgebaut, es soll ja Pferde geben, die sogar davor Angst haben und weglaufen. Hasenfüße, kann ich da nur sagen.

Hier hocken wir drei ganz entspannt beisammen und unterhalten uns.

Es war nämlich eine deutsche Familie, die sich der kleinen Hündin angenommen hatte, und da deren Arbeitsvertrag in Russland befristet war, kehrten sie am Ende in die Heimat zurück. Leider konnten sie Borka dennoch nicht behalten, denn sie hatten schon einen anderen Findelhund und nur eine kleine Wohnung. So suchten sie lange, lange nach einem neuen Heim für Borka,bis Janne davon erfuhr. J

anne musste sehr, sehr lange betteln, bis ihre Eltern ihr endlich erlaubten, Borka zu nehmen. Sie musste hoch und heilig versprechen, sich ganz allein um die kleine Hündin zu kümmern! Und ich kann's bestätigen, das tut sie wirklich. Gleich ging's los in die Hundeschule, wo sofort der Hundeführerschein gemacht wurde, und nun ist Borka immer und überall bei Janne, die beiden sind in nur einem halben Jahr ein tolles Team geworden.

Das ist die Russin Borka

Borka und ich haben uns auch gleich angefreundet, schließlich sind wir beide schwarz und klein.

... hier ist Janne besonders nett zu mir, ich darf sogar an ihrer Hand knabbern

Ich dachte, nun geht es endlich los, da holt Janne plötzlich ein Bandmaß hervor, um meinen Bauchumfang zu messen, und ich hörte nur immer „uhijuhijuhijuhi". Das Maßband war viel zu kurz für meinen – meiner Meinung nach rassetypischen – Bauch. Was kann ich dafür, wenn die Menschen kein für mich passendes Maßband mitbringen?

Da sieht man es genau, viiiel zu kurz!

Ach, und ehe ich's vergesse, ich muss noch etwas von vorher erzählen. Beinahe hätte mein Freund Siddi, der Hektiker, in seiner Übereifrigkeit uns allen den ganzen schönen Trainingsplan komplett vermasselt. Das muss man sich vorstellen, der dumme Hund hat Janne mit einem Einbrecher verwechselt!
Als Janne zum zweiten Mal zu uns in den Stall kam, da hat er sie doch zur Begrüßung glatt in die Hand gezwackt, so dass man sogar die Abdrucke seiner Vorderzähne auf dem Handrücken sehen konnte. Vielleicht ist Janne ein bisschen zu forsch auf Siddi zugegangen, um ihn zu begrüßen, und er fühlte sich einen kleinen Augenblick lang bedroht, weil er sie noch nicht so genau kannte. Daran hat Janne bestimmt nicht gedacht, ihre Borka ist viel zu nett, um solche Attacken zu reiten. Aber es sind halt nicht alle Hunde so freundlich. Manche mögen es einfach nicht, wenn man ihnen direkt in die Augen sieht und dabei mit der ausgestreckten Hand auf sie zugeht. Dann sträubt sich ihnen das Fell, und sie erwarten einen Angriff oder fühlen sich bedrängt.
Solche Hunde beachtet man am besten erst mal gar nicht und wartet, bis sie irgendwann von selbst auf einen zukommen. Dann lassen sie sich auch streicheln, aber Vorsicht ist immer besser, wenn man einen Hund noch nicht gut kennt.

Der Siddi ist ganz bestimmt ein hervorragender Wachhund, aber ab und an übertreibt er in dieser Hinsicht leider etwas. Die arme Janne hatte für ein paar Tage eine geschwollene Hand, und wir mussten das Training verschieben. Zum Glück war sie hart im Nehmen und ist trotzdem wieder zu mir zurück gekommen. Ich hatte schon Angst, dass meine neue Freundin das Handtuch wirft, alles nur wegen Siddi.

Daher gab es für ihn auch kurzen Prozess: Christa verordnete ihm ab sofort einen Maulkorb, und er durfte erst mal nicht mehr mitspielen. Punktum!

Mit Maulkorb - das hat er nun davon, dass er ...

... das Schild zu ernst genommen hat.

Aber nun zurück zu unserem Training:
Zuerst sollte ich über eine knisternde Plastikplane laufen, was meine kleinste Übung war. Dann schleppte Janne eine weitere, riesige rote Plane heran, in die sie mich halb einwickelte. Ließ ich auch geschehen, denn das kenne ich schon.

Man kommt sich zwar vor, als ob man als Postpaket verschickt werden soll, aber es tut ja nicht weh. Viele Pferde mögen das überhaupt nicht und werden arg nervös. Der Nico zum Beispiel, der nimmt schon Fluchthaltung an, wenn er das Ding nur von Weitem sieht, der lässt nichts dergleichen an seinen Körper.

Ich als nervenstarkes Shetty bleibe da gelassen..

Ich werde verpackt ...

Auch das Durchziehen der Plane durch die Beine oder wenn sie über meinen ganzen Körper gezogen wird, macht mir nicht viel aus.

Vielleicht kommt es auch auf den Menschen an, der das mit mir anstellt, das weiß ich nicht so genau. Das Tollste war dann, dass Janne die Plane einfach vor mir ganz hoch warf und auf mich runtersegeln ließ.

... eins

... zwei

... drei!

Huhu, ich bin hier drunter, ohne mich zu rühren, das soll mal einer nachmachen!

... und zu guter Letzt - das „Sonnensegel“ mit der Flatterplane über mir und die Mädels in vollem Lauf! Eine Gwendolyn bleibt auch hier gelassen.

Als Belohnung gab es schließlich jedes Mal ein feines Leckerli, und dafür wachse ich sowieso über mich hinaus. Meine Zuschauer - es waren zahlreiche - und Janne waren ziemlich sprachlos. Borka war die ganze Zeit dabei und hat mit geholfen, während der Rüpel Siddi Platzverweis hatte.

Hier sitzt er ziemlich mucksch mit seinem Maulkorb neben dem Außenviereck und muss zugucken.

Damit war meine Aufgabe für den Tag beendet, und Janne führte mich zusammen mit Nico auf die schöne Weide zum Erholen. Auf diesem Weg treffen wir immer viele andere Tiere, die mich inzwischen sogar schon freundlich grüßen.

Janne und wir drei Rappen auf dem Weg zur Weide ...

... der schöne Pfau gehört zum Hof und stolziert immer vor einem Spiegel herum, den man extra für ihn aufgestellt hat. Er wird „mein kleiner Pfau“ genannt und kann sich mächtig aufplustern und laute Schreie ausstoßen ...

Dann ist da noch dieser kleine gestreifte Hund, der scheinbar ohne irgendein Spielzeug im Maul nicht leben kann. Immer sucht er einen Dummen, der das Spielzeug für ihn wirft, damit er es zurückbringen kann ...

Die Hühner kommen mir mit ihrem dauernden Gegacker reichlich geschwätzig vor, was die wohl dauernd zu bereden haben?

Ein richtiger Außenseiter ist derweil der Otto ...

Das ist ein kleiner grau-blonder Jungbulle mit lauter Locken und niedlichen, runden Pluschöhrchen, der seit einiger Zeit inmitten der Kuhherde von ganz normalen Schwarz-Bunten neben uns auf der anderen Weide wohnt.

Der tut mir irgendwie so ein bisschen leid, weil ich denke, er fühlt sich wahrscheinlich genauso verloren wie ich, als ich anfangs auf den Hof hier kam und um mich herum lauter Pferde, die ganz anders aussahen als ich.

Ich könnte Otto ja trösten, denn man gewöhnt sich an die Situation - aber ich glaube nicht, dass er meine Sprache spricht und versteht, was ich sagen will.

Und dann gibt es da noch die Schafe. Die haben mich anfangs ganz schön veräppelt. Steht doch da am Graswall ein Mensch mit so einem Umhang, einem langen Gehstock in der Hand und einem Hut auf dem Kopf, und um ihn herum eine hübsche kleine Schafsfamilie. Ich da hin - auf dem Weg noch ein paar Halme gerupft - und dann die Enttäuschung. Das sind ja bloß Steinfiguren! Sowas - ich trollte mich dann gleich wieder, grasen war mir da doch wichtiger.

Nanu?

...die Sind ja nicht echt!

Allerdings, es gibt auch echte Schafe auf unseren Weiden. Die sind nicht immer da, aber sie werden manchmal in einem Hänger zu Besuch hergefahren.

Sie dürfen dann auf unseren Weiden fressen soviel wie sie wollen - natürlich nicht mit uns Pferden zusammen.

Die Schafe fressen nämlich alles das, was wir Pferde nicht fressen mögen, und die Wiese wird dann auf diese Weise saubergemacht.

So hat man es mir zumindest erklärt. Obwohl ich es gar nicht so gern sehe, dass außer mir, Nico, D.J. und Sonne überhaupt noch jemand auf MEINER Weide frisst.

Das sind ein paar von unseren Besuchsschafen, es sind ...

... weiße Heidschnucken,
und dies ist der Chef,
oder sagt man
Leithammel?

Auf Biegen reimt sich wiegen - ich hätte eigentlich wissen müssen, dass da etwas Besonderes auf mich zukommt: Nach dem Ausmessen meines Umfangs neulich, kam Janne auf die Idee, meine Biegsamkeit zu prüfen.

Dazu musste ich mich neben Janne stellen, und sie hielt mir eine meiner Lieblingsmöhren irgendwo an meiner Hinterhand hin, so dass ich einen ganz langen Hals machen und mich nach hinten strecken musste, um an die Möhre ranzukommen. Und jedes Mal, wenn ich zubeißen wollte, zog sie sie noch ein kleines Stückchen weiter zurück.

Tückisch war das und dauerte eine Weile, bis ich sie endlich wirklich bekam. Janne war auf jeden Fall sehr zufrieden mit mir, weil ich trotz meiner Rundungen recht gelenkig geblieben bin.

Ein Möhrchen rechts,
ein Möhrchen links ...

Ich bin zweifellos richtig
geschmeidig ...

Das war aber noch gar nichts.
Mein lieber Hans - von Beruf Fotograf - rennt seit Tagen ständig mit einer seiner blitzenden Kameras hinter mir her und um mich herum.

Wozu, das weiß ich nicht so richtig, nur, dass ich mir manchmal verfolgt vorkomme wie ein Mitglied des britischen Königshauses, und er ist einer dieser Paparazzi, die dauernd Bilder von Promis schießen und für viel Geld an Zeitungen verhökern. Ich frage mich nur, wer ausgerechnet von mir, Gwendolyn, ehemals Wendy II, überhaupt Bilder haben will.

Jedenfalls schleppte er neben seiner Kamera nach unserer Biegeübung nun auch noch eine Leiter und eine vorsintflutliche Waage heran, die er auf dem Trailparcours des Hofes abstellte.

Ein Trailparcours ist in diesem Fall ein Platz mit lauter verschiedenen Hindernissen wie Podest, Wippe, Brücke, Stangen und Flatterbänder. Hier machen die Menschen mit ihren Pferden Geschicklichkeitsspiele, studieren kleine Zirkuslektionen ein oder üben Nervenstärke. Einiges ist ganz schön schwierig, man muss als Pferd schon ausgesprochen furchtlos, geschickt und schwindelfrei sein, um den ganzen Parcours ohne Patzer zu durchlaufen. Das hatte Janne für mich auf ihrem Trainingsplan erst für später angesetzt, da sie nicht wusste, ob und was ich schon alles kann. Da wird sie sich noch wundern!

... hier wird nicht gemogelt – die Mädels sind sowieso alle gertenschlank!

Ja, also dorthin brachte man die Waage und fing an, zusätzlich zu Janne noch ein paar Kinder herbei zu holen. Dann mussten alle nacheinander auf diese Museumswaage steigen und wurden gewogen.
Ihre Namen und ihr jeweiliges Gewicht schrieb Christa auf einen Zettel. Janne wurde gleich mit Hund gewogen, weil die beiden so unzertrennlich sind. Noch immer verstand keiner so recht, was das alles sollte, nur Hans fotografierte immerzu von seiner Leiter aus.

Janne = 38 kilo, Borka = 12 kilo ... richtige Fliegengewichte!

Insgesamt wurden so sieben Kinder gewogen. Danach mussten sich alle auf der einen Seite vor der großen Pferde-Wippe aufstellen, und dann führte mich Christa am anderen Ende direkt auf das andere, unten liegende Ende der Wippe.

Jetzt wurde es allen klar: Ich – Gwendolyn – sollte gewogen werden! Und da ich nicht auf die Menschenwaage draufpasse, hatte Hans die List mit den Kindern ersonnen. Erst stieg nun Janne mit Borka auf die andere Seite der Wippe, die sich auf meiner Seite natürlich noch keinen Millimeter rührte. Dann stieg das nächste Kind hinter Janne auf die Wippe, wieder keine Bewegung, dann das nächste und das nächste ...

Jetzt ist es amtlich! Ich wiege soviel wie vier Kinder und ein Hund.

Und endlich, als das vierte Kind auf die Wippe kam, da ging die Seite, auf der ich stand, gaaanz langsam in die waagerechte Stellung nach oben und blieb fast in der Mitte stehen. Wer hätte das gedacht, Gwendolyn wiegt 191 Kilo, soviel wie vier Kinder und ein Hund zusammen!!! Alles jubelte, weil wir das so toll hingekriegt hatten, und wir standen noch eine ganze Weile auf der Wippe und schaukelten hin und her. Es machte richtig Spaß. Da kamen dann auch noch die übrig gebliebenen Kinder dran, wobei ich doch froh war, nicht soviel wie alle sieben zu wiegen.

Man sieht, ich bin gut beschäftigt, habe endlich einen nicht mehr so langweiligen Tagesablauf und fühle mich wieder als halbwegs vollwertiges Mitglied der Pferdegemeinschaft. Besonders nach einem heißen Sommertag draußen freut man sich auf den schattigen, kühlen Stall und das Abendfutter. Vorher gibt es ganz oft noch einen besonderen Spaß für uns vier. Die Wälzstunde. Wir kommen dann auf einen der Sandpaddocks und können uns nach Herzenslust im warmen Sand hin- und her wälzen, dass der Staub nur so fliegt. Wenn es regnet, wälzen wir uns natürlich trotzdem. Dann wird sich ordentlich geschüttelt, und man fühlt sich rundum sauber. Die Menschen sind da allerdings ganz und gar anderer Meinung. Sie haben halt eine andere Vorstellung von Sauberkeit. Muss wohl daran liegen, dass wir von so unterschiedlicher Rasse sind.

Hier ein paar besonders gelungene Impressionen von unseren schönsten Wälzmomenten:

Den Auftakt macht D.J.

Das ist seine Lieblingsposition... Reicht mir mal einer das Sonnenöl?

...fehlt nur noch die Rolle rückwärts...

Jetzt meine Wenigkeit:

... wehe da lacht einer ...

... dicker Bauch, wieso?

War das himmlisch ...

Hier liegt Sonne in der Sonne...

Noch ein Rückenlieger ...

... schläft der etwa?

Machine's Sundancer beim Break Dance

... der reinste Wellness-Urlaub

Unser Nico ...

... rollt sich gern zusammen, ob er im früheren Leben mal ein Kätzchen war?

Ein bisschen Senioren-Gymnastik kann nie schaden ...

Ächz, ja, ja ...

Kommt ihr erst mal in mein Alter!

Für den nächsten Tag hatte ich mich mit Janne für einen ersten kleinen Ritt durch den Wald verabredet. Sie wollte ihr eigenes Pony vom Ponyhof mitbringen, und ich sollte als Handpferd mitlaufen. Oh, die Idee fand ich sehr gut. Nicht etwa, weil ich so aufs Laufen erpicht war. Stattdessen hatte ich mir ausgerechnet, dass ich dabei das kleines Spielchen wiederholen könnte, das ich neulich mit Hans veranstaltete habe. Das war sehr lustig und hat mir viel Spaß gemacht. Hans, glaube ich, weniger. Als er nämlich vor einiger Zeit mit seinem D.J. ausreiten wollte meinte er, es würde mir auch ganz gut tun, etwas für die schlanke Linie zu tun und mitzulaufen. Also gingen wir los.

An unserer Weide vorbei, dann links rum in den Reitweg. Kannte ich ja alles noch von früher. Dann kamen wir zum Entenloch. Da sind keine Enten drin, die Kreuzung heißt nur so, und ich wusste, gleich rechts hinter den Bäumen ist eine große, weite Wiese mit wunderbar grünem Gras. Obendrein schön feucht und saftig, weil es vorher in Strömen geregnet hatte. Hans hatte mich zwar am Strick, träumte aber offenbar etwas vor sich hin. Da machte ich einen kleinen Satz und drehte mich vor D.J.s Vorderbeine, so dass dieser netterweise stehen blieb. Mit einem Ruck lief ich los, riss dabei Hans den Strick aus der Hand und galoppierte mit fliegender Mähne in Richtung Wiese. Der Strick flatterte wie ein Banner hinter mir her. War das ein tolles Gefühl der Freiheit! Die Wiese stand teilweise ziemlich tief unter Wasser, es spritzte nach allen Seiten um mich herum, und ich musste mein Tempo etwas herunterfahren. Da kamen auch schon die kleinen erhöhten Inseln mit dem Gras in Sicht, ich blieb endlich stehen und fing an zu speisen.

Hans hatte mein Vorhaben natürlich inzwischen durchschaut und seinen D.J. einfach am Reitweg stehen lassen, beziehungsweise geparkt. Der ist da wirklich gut trainiert. Wenn man einen von D.J.s Zügeln auf den Boden hängen lässt, bleibt er wie angenagelt auf demselben Fleck stehen, bis ihn sein Mensch wieder abholt.

Das hat er in Amerika gelernt. Jedenfalls stand D.J. da und guckte etwas neidisch zu mir hin, während Hans zu Fuß langsam näher kam, um mich zu fangen. Das war ein nettes Spielchen. Immer, wenn er dichter heran kam, rannte ich ein Stückchen weiter. So ging das einige Zeit, aber plötzlich gab es einen Ruck, und ich stand genauso festgenagelt da wie D.J. Was war geschehen?

Tja, ich war auf den Strick getreten und hatte mich selbst angehalten. Hans grinste über das ganze Gesicht und sagte nur „dumm gelaufen, Gwendolyn". Sammelte mich wieder ein und zurück ging's, brav am Strick. Auf jeden Fall hatten wir beide nasse Füße.

So, nun zurück zu Janne. Zu unserem Ausflug brachte sie diesmal nicht nur Borka wieder mit sondern auch noch einen Besuchshund namens Fritzi, eine hübsche Blondine der Gattung Golden Retriever. Borka und Fritzi waren wohl gute Freundinnen, und Fritzi war ganz aufgeregt, weil sie als unterbeschäftigter Großstadthund nicht so oft die Gelegenheit zu einem schönen Ausflug in die Natur bekommt.

Ja, und dann kam auch der Willi, Jannes Pony.

Willi ist ein stattlicher, gutaussehender Schecke mit dicker Mähne, wunderschönen braunen Rehaugen, und er ist ein ganzes Ende größer und kräftiger als ich. Er gefiel mir zugegebenermaßen ziemlich gut. Beim Kennenlernen kamen wir uns per Grashalm auch schon ein bisschen näher.

Ich habe dabei nicht ein einziges Mal zickig gequietscht, wie ich das sonst meistens tue, wenn mir einer zu nahe kommt, den ich noch nicht kenne. Das war's dann aber auch. Willi war nämlich furchtbar müde, weil er – wie Janne berichtete – am Tag zuvor fünf Stunden unterwegs war bei irgendeiner Veranstaltung des Ponyhofes, wo er ja wohnt. Er gehört nämlich zu der arbeitenden Klasse unter uns Pferden und muss sich sein Futter verdienen. Da habe ich ja richtig Glück gehabt, ich muss einfach nur hübsch aussehen, allenfalls ein paar Kunststückchen machen und kriege trotzdem mein Essen.

Jedenfalls gingen wir dann los, Janne ganz flockig locker ohne Sattel auf Willi, ich neben Willi am Strick, und die beiden Hunde tobten um uns herum. Ich schritt ganz konzentriert neben Willi her und dachte gar nicht ans Weglaufen, obwohl das grüne Gras rechts und links sehr verlockend war.

Im Wald mit Willi ...

Ich wollte diesmal viel lieber bei Willi bleiben, der allerdings bloß geradeaus guckte und ab und zu ein Gähnen unterdrückte, obwohl ich mehrmals eine Unterhaltung versucht habe.

... nicht gerade gesprächig, der Kerl ...

Fritzi, Borka, wo seid Ihr????

Stadthund Fritzi – voll begeistert auf Hasenjagd – hat plötzlich kein Ohr mehr für „komm her" Rufe!

... da sind endlich alle wieder beisammen

Der Ausflug hat mir trotzdem gefallen, endlich mal mit meinesgleichen zu laufen, habe ich sehr genossen. Und obendrein ist es mir gelungen, in den Pausen hier und da ein wenig Grünes am Wegesrand zu rupfen.

Auf den letzten Metern auf dem Rückweg mussten wir sogar noch eine kleine Nervenprobe bestehen. Da kam nämlich Hans mit seinem großen Auto und dem Pferdehänger hintendran über den Acker gefahren und hat uns mit lautem Gerumpel in einer dicken Staubwolke überholt.

... das Ungetüm ist uns auf den Fersen

Wir blieben dennoch cool, wie es sich für ein Pony gehört.

Der Hänger wurde nicht ohne Grund gebracht, denn es war als nächstes ein Verladetraining angesagt. Das liegt bei vielen Pferden ganz schrecklich im Argen.

So mancher Pferdebesitzer hat damit seine liebe Not, weil es extrem schwierig ist, ein Pferd, das partout nicht will, trotzdem in einen Hänger zu bekommen. Da spielen sich manchmal ganz üble Szenen ab. Denn wenn es der Mensch mit guten Worten, Leckerlis und einem Strick um das Hinterteil des Pferdes nicht schafft, das Tier die Rampe hinauf zu bewegen - dann greift so manch einer nach Peitsche oder Besenstil und hilft damit kräftiger nach.

Da mag das Pferd dann im Moment zwar aufgeben und panisch hineinspringen, aber beim nächsten Mal hat es noch viel mehr Angst, weil ihm der Hänger nun vollends verleidet ist. So fängt die ganze Prozedur wieder von vorn an. Inzwischen hat sich schon ein ganzer Berufszweig von Pferdetrainern etabliert. In Schnellkursen oder auf gut besuchten Shows versuchen sie, verzweifelten Pferdebesitzern beizubringen, wie man ein Pferd so verlädt, dass es beim nächsten Mal freiwillig wieder in den Hänger geht.

Ein gutes Geschäft, aber für den Pferdebesitzer nicht immer von Erfolg gekrönt, wenn er es dann wieder selbst versucht. Ein Pferd vergisst nie, was es einmal Böses erlebt hat. Der kleinste Verhaltensfehler des Menschen, und alle Vorbehalte sind wieder da. Ja, ja, wir sind nicht einfach, nicht nur den Elefanten sagt man ein langes Gedächtnis nach.

... alle Mann an Bord - die Hunde haben vor unseren Hufen aber auch kein bisschen Respekt!

Wie man auf diesen Bildern sehen kann, hatten wir vier absolut keine Probleme mit dem Hänger. Hans und Christa bestehen einfach nur darauf, das Verladen in Abständen immer mal wieder zu üben, damit wir es nicht vergessen. Im Ernstfall – zum Beispiel wenn einer von uns krank wird und in die Pferdeklinik muss – müssen wir natürlich zügig ein- und auch wieder aussteigen können.

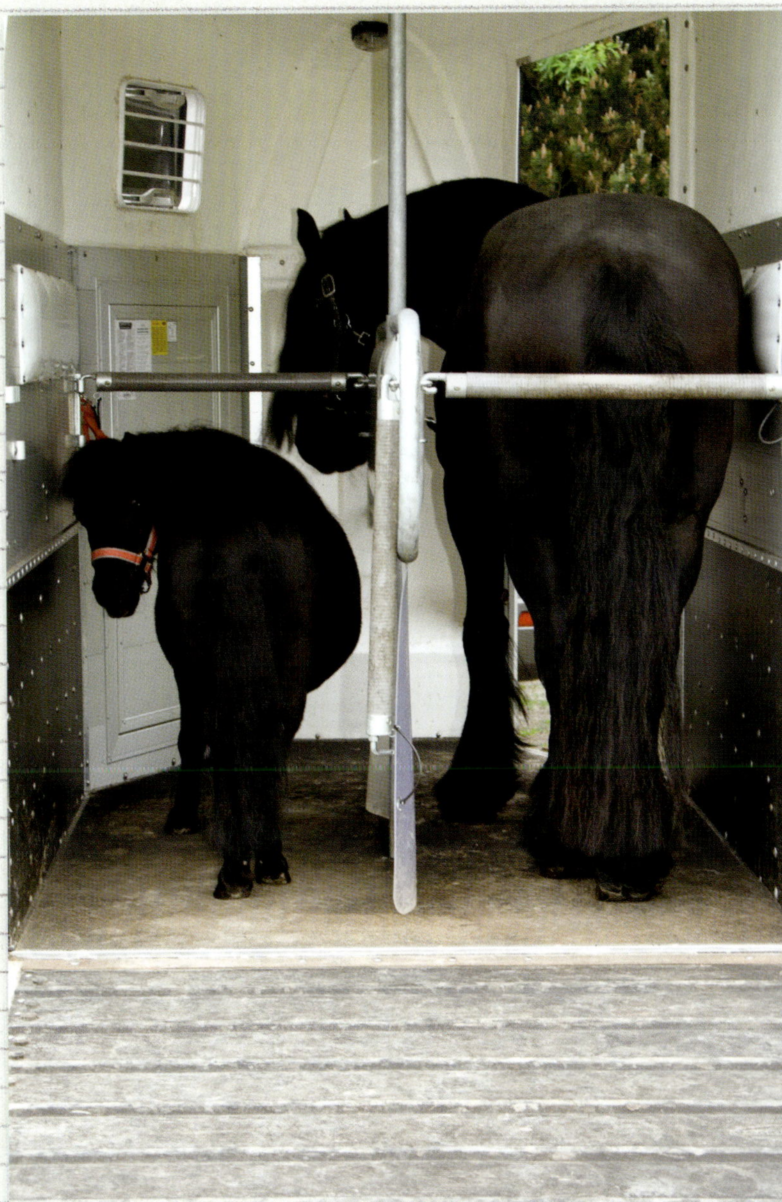

Nico und ich – verladen

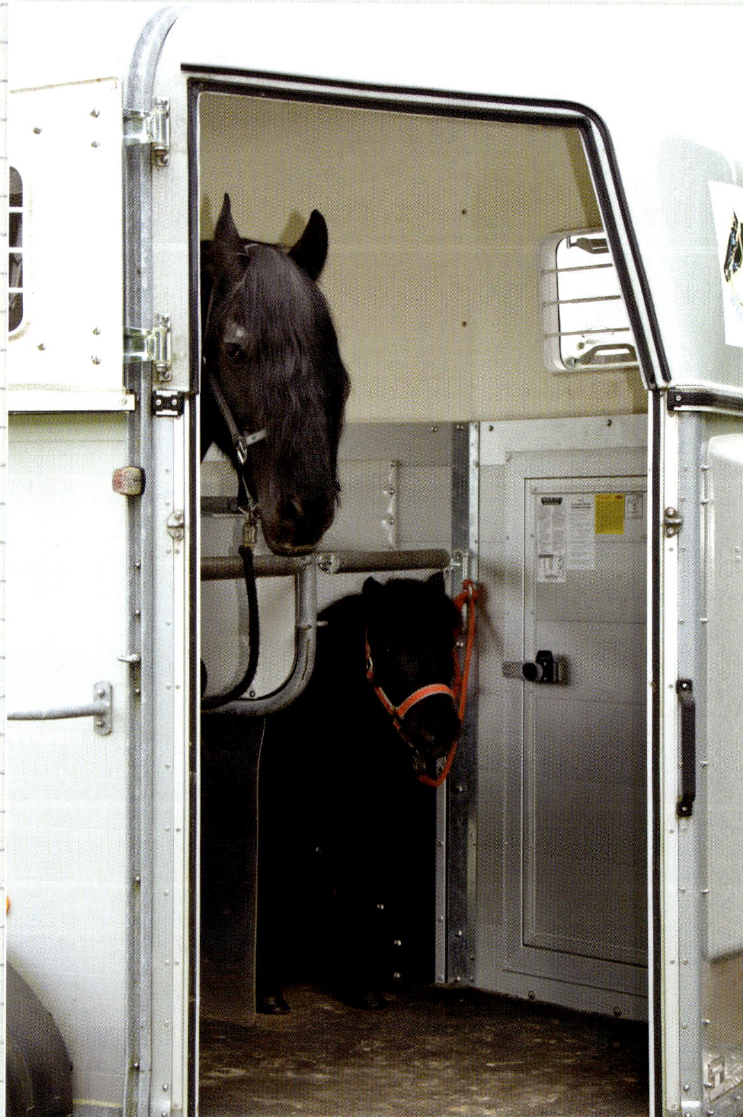

... was denn, noch nie zwei Pferde im Hänger gesehen????

Unser Transporter hat sogar noch eine Vordertür, so dass wir hinten über die Rampe reingehen und vorwärts rausgehen können. Selbstverständlich beherrschen wir auch das Aussteigen rückwärts über die Rampe. Für mich kleines Pony gibt es dann innen noch eine extra Konstruktion, damit ich in dem großen Hänger beim Fahren nicht umfalle. D.J. und Sonne haben sich bei der Überei ziemlich gelangweilt.

... so steigt man ein ...

... und so kommt man wieder raus, was soll daran wohl schwierig sein?

Die haben in Arizona sogar gelernt, ohne Strick vor ihren Menschen in den Hänger zu springen anstatt sich hineinführen zu lassen, wie man es mit mir und Nico macht.
Das ist ganz schön mutig, man weiß schließlich nie, was einem in so einem Hänger begegnet, wenn man da zuerst reingeht. Ich lasse jedenfalls lieber den Menschen den Vortritt.

kleine Pause nach bestandener Prüfung

Und jetzt kommen wir zu meiner Kur auf dem Trailparcours. Ich habe ja schon beschrieben, wozu der ist und was man da alles machen kann. Ich zeige auch noch ein paar Extra-Einlagen, und jeder, der mir dabei zuschaut mit welchem Schwung und Tempo ich alle Aufgaben meistere, wird zugeben müssen, dass ich wirklich ein sehr kluges, mutiges Ausnahme-Pony bin!

... Stolz auf dem Podest mit Janne und Borka - Siddi ist ziemlich beleidigt, weil er immer noch einen Maulkorb tragen muss und nicht mit aufs Podest darf.

Die Wippe - hier fliegt Borka!

Schaukeln mit Janne...

Der Plastikvorhang - eine Herausforderung für uns Pferde. Da wird so mancher ganz klein und ängstlich und will partout nicht durch - ich kann's.

Laufen durch die berühmten Flatterbänder finde ich ganz leicht.

Die Brücke - im Laufschritt klappern die Hufe besonders schön, aber viele Pferde möchten da lieber ganz und gar nicht rübergehen ...

Hops über die Hindernisse - ich hatte soviel Schwung, dass Janne beinahe zu weit gesprungen und auf die Nase gefallen wäre, selbst Borka kam kaum mit.

Cavaletti - naja, das ist nicht so sehr mein Ding, da muss man sich ja so konzentrieren, aber was soll's, ist abgehakt.

Schon wieder ein Hopser - diesmal synchron mit Borka. Klappt ganz gut. Aber Borka bräuchte eventuell längere Beine...

Kompliment - für den Zirkus oder die nächste Weihnachtsfeier?
Da müssen wir beide noch ein bisschen üben.
Aber wir bleiben dran!

Du musst höher, Gwendolyn, wie ich ...

Ich zeig's Dir noch mal ...

Steigen, na klar - das hatte meine Coco doch auch mit mir geübt, und jetzt, wo Borka es mir vormacht, erinnere ich mich wieder, wer sagt's denn, geht doch!

Und zu guter Letzt - die Übung mit der großen Rappeltonne. Mein Kumpel D.J. muss die Tonne manchmal ziehen, wenn Hans im Sattel sitzt. Dann ist der Strick am Sattelknauf befestigt. Dafür bin ich natürlich viel zu klein, und so zieht Janne die Tonne hinter uns Dreien her, und ich muss nur aufpassen, dass mir das Ding nicht in die Hacken kullert. Ansonsten stört mich das Getöse nicht. Ich bin schließlich schon vor der Kutsche gelaufen. Meine Mitbewohner, die aus ihren Boxenfenstern guckten, als wir zum Hof kamen, haben sich aber mächtig aufgeregt und fürchteten offenbar, dass ihnen der Himmel auf den Kopf fällt.

Ich jedenfalls finde die Tonne ganz nett ...

... endlich ist mal jemand dicker als ich ...

Ja, das war ein strammer Durchgang mit vielen Übungen,
und jetzt bin ich doch ganz schön geschafft! (gähn)

Wir waren uns alle einig geworden, dass Siddi nun lange genug gebüßt hatte, er sollte endlich wieder in unserer Mitte aufgenommen werden, und Janne wollte sich mit ihm wieder vertragen.

Er war natürlich sofort Feuer und Flamme, all die Schmach mit dem Maulkorb war vergessen, und er tat so, als würde er Janne schon ewig kennen. Eine richtige Frohnatur ist der.

Hier wirft nun Janne Siddis geliebte Scheibe, und er fängt sie mit Begeisterung direkt vor meiner Nase. Heute habe ich aber keine Lust auf die wilde Jagd, gestern war doch ziemlich anstrengend.

Ich lasse ihn lieber allein durch die Luft segeln und spiele gemütlich den Schiedsrichter - mit einem Grashalm im Maul.

Ganz guter Wurf ...

... ordentlicher Flug auf der Zielgeraden ...

... und sauber gefangen, - Siddi in alter Frische...

Janne hatte auch die rote Plane wieder dabei und wollte mich gerade damit ein bisschen einwickeln, da brummte mal wieder das kleine eckige Ding, das die Menschen immer mit sich rumtragen, um damit Selbstgespräche zu führen. Janne ließ mich für einen Augenblick stehen und lief, um das Piepding von der Ablage zu holen. Ich hatte die Plane schon auf meinem Rücken liegen und wartete auf sie – unangebunden, natürlich, ich kann mich ja benehmen.

Siddi beobachtet uns sehr interessiert ...

Und was tut Siddi? Erlaubt sich einen neuen Schabernack. Vermutlich hat er schon beim letzten Mal auf solche Gelegenheit gewartet, nur mit Maulkorb wäre das nicht gegangen. Wie der Blitz schnappte er sich mit den Zähnen nun eine Ecke der Plane, zog sie mit einem Ruck von mir runter und rannte mit der ganzen Plane in großen Freudensprüngen immer im Kreis auf dem ganzen Außenviereck herum. Es raschelte, knisterte und staubte nur so, und er wollte sie gar nicht mehr hergeben, so begeistert war er.

... zugeschnappt und kräftig gezogen ...

... hauruck - etwas unhandlich, das Ding ...

Jetzt nichts wie weg ...

Je schneller ich laufe ...

... desto besser fliegt der Fetzen ...

Ich gönnte meinem Freund Siddi jedenfalls den Spaß und sah ihm sehr gelassen dabei zu. Erschrecken kann er mich mit solchen Dingen schon lange nicht mehr, dazu kennen wir uns inzwischen zu gut. Auch Janne musste sehr über Siddis Kunststück lachen, und die beiden haben sich dann wieder vertragen und ein paar Kekse miteinander gegessen.

So vergingen die Sommertage. Ich war wirklich zufrieden, nach der langen trostlosen Zeit in meinem Leben so viele neue und unterschiedliche Freunde gefunden zu haben. Nur eins war mir noch immer nicht gelungen, nämlich mit einem Pony meiner Rasse Freundschaft zu schließen. Es gab hier einfach keine.

Daher freute ich mich umso mehr, als Janne Willi wieder einmal mitbrachte. Nur, dass Willi sich nicht übermäßig freute, mich zu sehen.

Janne meinte, der kennt einfach schon zu viele Ponys, da wäre ich für ihn halt nur noch eins mehr, aber nicht unbedingt ein besonderes. Hm, nicht gerade ein Kompliment. Wie dem auch sei – es gibt trotzdem neue Hoffnung, dass sich mein Wunsch noch erfüllt, und ich sehe den kommenden Ereignissen voller Erwartung entgegen. Zum ersten Mal darf ich nämlich Janne und Willi zum Ponyhof im Wald begleiten. Dort soll es ganz, ganz viele Ponys geben, die ich sehr gern kennen lernen würde, und darauf freue ich mich riesig.

Auf einen bin ich besonders gespannt. Man hat mir zugeflüstert, er sei ein besonders hübscher, brauner Hengst mit dem wunderschönen Namen Fridolin, und er soll sogar kleiner sein als ich! Ob der wohl netter zu mir ist als Willi? Ob es mir bei den Ponys noch besser gefällt als in meiner jetzigen Heimat? Oder ob die mich vielleicht gar nicht mögen und ich gleich wieder zurück will?

Wir machen uns auf den Weg.

Janne führt uns über eine saftige Sommerwiese...

... fort von meinem Hof ...

... und auf schattigen Waldwegen in ein neues, unbekanntes Abenteuer.

Man kann nicht in die Zukunft sehen, wo immer ich auch sein werde, ob ich zurück komme oder bei den Ponys bleibe - ich weiß es noch nicht. Beizeiten werde ich berichten, versprochen!

Bis dahin ...

Tschüß und Kompliment

Eure Gwendolyn

Christa + Hans G. Lehmann sind freie Bild-
journalisten und leben mit mehreren Hunden und
Pferden am Stadtrand von Hamburg

Wir danken allen Zwei- und Vierbeinern,
die an der Entstehung dieses Buches
mitgewirkt haben.

In diesem unterhaltsamen
Fotobuch für Jung und Alt
erzählt das Shetland
Pony Gwendolyn kleine
Geschichten aus
seinem Leben.

WU WEI VERLAG

Der Wu Wei Verlag legt größten Wert auf absolut authentische Autoren, die sich in ihrem Fachgebiet durch überdurchschnittliches Wissen auszeichnen. Wir betreuen die Bereiche körperliche und geistige Gesundheit, Reitkultur und Kinderbuch.

Der Verlagsname „Wu Wei" stammt ursprünglich von dem chinesischen Philosophen Laotse. Er steht für die Kunst des „Weglassens". Das taoistische Prinzip Wu Wei bedeutet, durch „Nichttun" zum „Tun" zu gelangen – ohne unnützen Eifer, falschen Ehrgeiz und eigenwillige Absichten.

Alle Bücher aus dem Wu Wei Verlag erhalten Sie in Ihrem Buchhandel oder über die Verlagsauslieferung Silberschnur:

Tel. +49 (0)26 87 - 92 90 01

WU WEI

Bücher für einen gesunden Körper und einen gesunden Geist

Wu-Wei-Verlag
Seestraße 54
86938 Schondorf
Telefon +49 (0)81 92-93 41 92
Fax +49 (0)81 92-93 42 57
Isabella.sonntag@wu-wei-verlag.com
www.wu-wei-verlag.com

IM SINNE DES PFERDES

BODENARBEIT

IM SINNE
DES PFERDES
Bodenarbeit
von Simone Carlson
144 Seiten, 4-farbig
Hardcover
ISBN
978-3-930953-36-3
Preis: 24,80 Euro

Dieses Buch ist an all jene gerichtet, die nie aufgeben auf der Suche nach noch besseren Möglichkeiten, die Seele der Pferde genauer zu verstehen. Das Bestreben aller sollte immer sein, eine gute Pferd-Mensch-Partnerschaft aufzubauen und uns in die Gefühlswelt unserer vierbeinigen Partner einzuleben.

In diesem Buch bekommt man unzählige Anregungen und Ansätze, wie man auch in von der Norm abweichenden Situationen weiter arbeiten und gute Lösungen finden kann. Begeben wir uns gemeinsam auf den Weg zu einer faszinierenden Beziehung zu unseren Pferden.

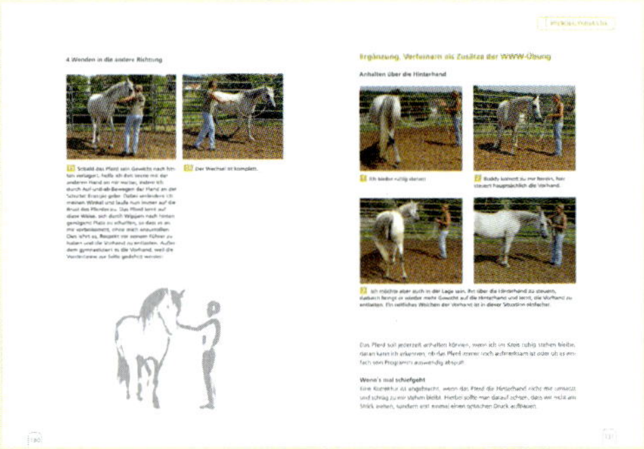

»Wem die Seele seines Pferdes am Herzen liegt.. ist bei diesem Buch genau richtig!

Die Autorin geht sehr genau darauf ein, dass es wichtig ist wie sich das Pferd bei und vor allem auch nach der "Arbeit" mit uns fühlt, und das alles, vom ersten Kontakt, bis zur Arbeit am freilaufenden Pferd auf freiwilliger Basis geschieht. Genau diese neue Einstellung hat mir und meinem Pferd sehr geholfen. Ich kann dieses Buch jedem empfehlen, dem die Seele seines Pferdes am Herzen liegt.«

aus amazon

LORENZO

DAS WUNDERKIND IN DER GROSSEN FAMILIE DER PFERDEKÜNSTLER

LORENZO
von Luisina Dessagne
& Robin Hasta Luego
27 x 29 cm, 148 Seiten
4-farbig mit zahlreichen Abbildungen
ISBN 978-3-930953-33-2
Preis: 29,90 Euro

In der großen Familie der Pferde-Künstler nimmt Lorenzo den Platz des Wunderkindes ein. Seine Darbietungen sind wirklich einzigartig, etwa die Stehdressur nach ungarischem Vorbild: Vier Pferdepaare hintereinander, mit denen er im vollen Galopp über eindrucksvolle Hindernisse geht.
Dieses Programm – Lorenzo Action – hat er schon in fast ganz Europa gezeigt, jedes Mal sein Publikum im Sturm erobert und zu wahren Begeisterungsstürmen hingerissen.

2005 präsentierte er den Zuschauern des berühmten Pferdefestivals in Avignon, der Crinières d'Or, eine schier unglaubliche Freiheitsdressur mit vier seiner wunderschönen grauen Lusitano-Stuten, die er ohne jedes Hilfsmittel, allein mit seiner Stimme und seinem Instinkt lenkt.

»Beeindruckend, berührend und lange nachwirkend...

Sehr persönliche Geschichten über Lorenzos Geschichte und Werdegang und die unterschiedlichen Pferde, die ihn prägen. Auch sehr menschlich und entmystifizierend, Rückschläge, Geldmangel, Pannen werden nicht ausgespart, aber auch die Leidenschaft, Liebe, beinah Besessenheit kommen rüber. Wunderschöne, stimmungsvolle, einzigartige Fotos. Alles zusammen ein besonderes und besonders schönes Buch, das man immer wieder zur Hand nimmt. «

aus amazon

DER FEUERRITTER

EIN UNGLAUBLICHES ABENTEUER AUF SCHLOSS KALTENBERG

DER FEUERRITTER
von Sabine Gistl
Fotos von Florian Wagner
96 Seiten, 4-farbig
16 x 23 cm
ISBN 978-3-930953-35-6
Preis: 19,80 Euro

Der siebenjährige Leon ist zu Besuch beim Kaltenberger Ritterturnier. Auf dem bunten Markt begegnet er einer kleinen Hexe, die ihm eine Figur zusteckt – einen stolzen Ritter auf seinem Pferd. Verwundert nimmt Leon die Figur mit in die Arena, um dem Turnier zuzusehen. Als er den ersten Blick auf das Kampfgeschehen werfen will, stösst er sich den Kopf und ihm wird schwarz vor Augen. Als er seine Augen wieder öffnet, findet er sich zu seinem großen Erstaunen in dem Körper des bayrischen Ritters und damit in einer Phantasiewelt ohne Publikum und Hilfe von außen wieder. Gemeinsam mit den anderen Rittern soll er nun das Königreich von Ferror, dem schwarzen Feuerritter, befreien. Dieser treibt sein Unwesen und versetzt mit furchtbaren Bränden das ganze Volk in Angst und Schrecken. Keiner der anderen Ritter ist in der Lage, gegen den mächtigen, bösen Ritter standzuhalten, und einer nach dem anderen wird schwer verletzt vom Platz getragen. Dann ist es an Leon, gegen Ferror zu kämpfen. Wird er sich behaupten können?

96 Seiten, aufwendig gestaltet, mit zahlreichen Fotos und Beschreibungen mittelalterlicher Berufe und Redewendungen.
Was bedeutete zum Beispiel „etwas im Schilde führen" oder „alles in Butter"?

»Ein Ritter hoch zu Pferde, dahinter ein Feuerball, das ist der Stoff, aus dem Kinderträume sind. Vor allem die von Jungs. Leon erlebt im „Feuerritter" eine Verwandlung. Der Junge, der nur eine Vorstellung der Kaltenberger Ritterspiele besuchen wollte, wird selbst zum Ritter, muss gegen Hexen bestehen, tritt schließlich zum Zweikampf an gegen Ferror, den schwarzen Ritter. Das Buch ist nicht nur spannend, es ist auch wunderbar illustriert mit Bildern des Fotografen Florian Wagner, seit Jahren „Hofphotograph" bei den Kaltenberger Ritterfestspielen. Empfehlenswert für kleine und große Menschen, die sich für Rittersagen und rasante Bilder begeistern können. Wunderbar! Mehr davon.«

Monika Maier-Albang – Pegasus

DER WAHRE KÖNIG

EIN SPIRITUELLES MÄRCHEN

Der wahre König
Ein spirituelles
Märchen von
Brigitte Ashauer
28 Seiten, gebunden
ISBN 978-3-930953-18-9
Preis: 18,50 Euro

Ein spirituelles Märchen: „Der wahre König" ist die Geschichte einer abenteuerlichen inneren Wandlungsreise, die den Leser mit ihren traumartigen Bildern in die eigenen Seelenräume führt und die Herzen verzaubert.

Brigitte Ashauer ist Psychotherapeutin, Künstlerin und Autorin und arbeitet seit 20 Jahren mit veränderten Bewusstseinszuständen (Holotropes Atmen nach Grof).

»Ich liebe dieses Buch, weil es unser inneres kleines Kind anspricht und uns auf einfache, verständliche Weise zeigt, wie das Leben eigentlich geht. Wer kennt es nicht, dass uns Angst, Dämonen, unsere eigene Überheblichkeit daran hindern, wirklich frei zu werden und zu sein?! Es ist ganz einfach... wenn wir Vertrauen. Ein Bilderbuch für uns Erwachsene, und für unsere Kinder, und wahrscheinlich werden unsere Kinder uns voraus sein und das Buch eher verstehen als wir, denn sie sind noch näher an der Wirklichkeit als wir. «

aus amazon

ELISIA

EINE MÄRCHENHAFTE ERZÄHLUNG – NICHT NUR FÜR KINDER

DIE ABENTEUER VON ELISIA
von R. von Assel, 80 Seiten
gebunden
ISBN 978-3-930953-08-0
Preis: 14,80 Euro

Elisia, ein kleines rosafarbenes Einhorn, hat seine Eltern verloren und fühlt sich nach einiger Zeit schrecklich einsam. So macht sich die Kleine auf, um die Eltern oder wenigstens andere Einhörner zu finden. Elisia hat Glück und findet eine Menschenfrau, die sie nicht nur sehen kann, sondern ihr auch die lebensnotwendige Zuneigung und Obdach in ihrem Garten gewährt. Und eines Tages passiert das Unglaubliche: Bei einer Reise mit ihrer Menschenfreundin begegnet Elisia einem Artgenossen...

DAS BEWEGT DIE HERZEN DER TIERFREUNDE

ZWEIERLEI LEBEN – Mein schmerzhafter Weg zu wahrer Erkenntnis
von Timo Ameruoso
124 Seiten
ISBN 978-3-930953-22-6
Preis: 24,50 Euro

Einst als erfolgreicher Springreiter auf Medaillenjagd, macht Timo Amerouso jetzt im Rollstuhl Pferdeausbildung am Boden und im Sattel (!) mit feinsten Hilfen ...

„Auf dem Höhepunkt meines Übermutes und meiner Überheblichkeit, als erfolgreicher Springreiter, bescherte mir das Leben einen schweren Schicksalsschlag – und dies sollte der Beginn eines völlig neuen Lebens sein... Nach dem Unfall stand mir eine lange Zeit im Krankenhaus bevor, in der ich mich allmählich mit dem Gedanken auseinander setzen musste, für den Rest meiner Tage auf den Rollstuhl angewiesen zu sein...

... Nach fast sieben Monaten Krankenhausaufenthalt war der Tag der Heimreise gekommen und für mich begann das Leben von vorne. Nun lag es an mir, meine Chance zu nutzen und alles besser zu machen als vorher. Pascal, mein Pferd, hatte ich zu dieser Zeit etwa drei Jahre. Wenn ich auf meine aktive Zeit zurückblicke, würde ich von mir selbst sagen, dass ich ein Reiter war wie alle anderen auch. Ich verstand mein Pferd nie wirklich gut und der sportliche Erfolg stand für mich im Vordergrund..."

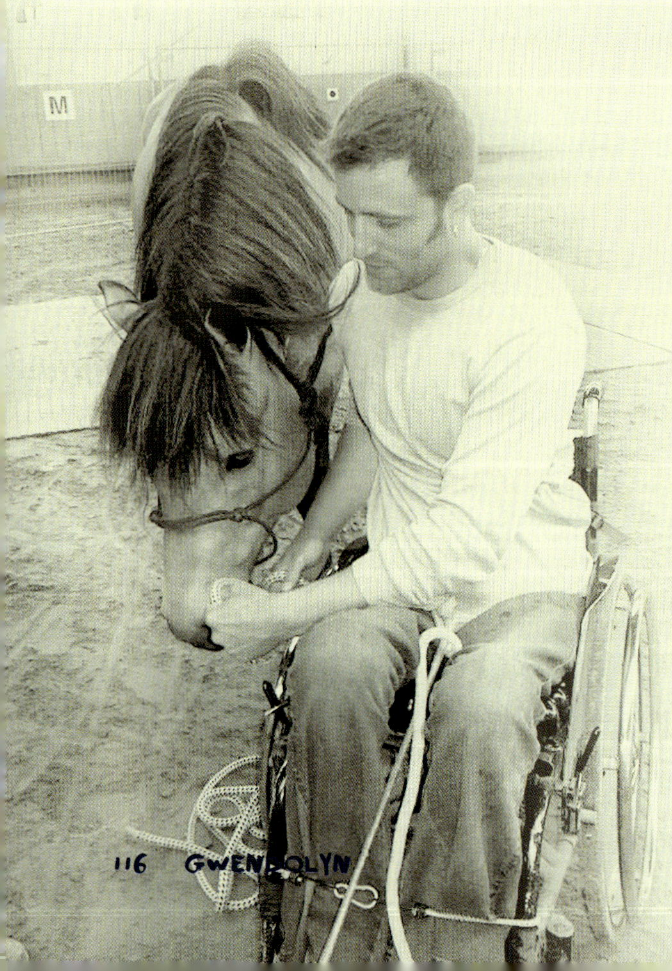

»Das Schwierigste an der Arbeit mit einem Pferd ist die Arbeit an sich selbst.«

»Mich hat dieses Buch zu Tränen gerührt! Es ist als würde eine unsichtbare Hand den Weg zu einem besseren Pferdeverständnis leiten – dieses Buch hat soviel Seele, ist so normal, ist so authentisch – ich wünsche ihm 100.000 Leser...«
aus amazon

UNVERHOFFT

DER ROMAN FÜR SINGLES UND SOLCHE, DIE ES NICHT BLEIBEN WOLLEN...

UNVERHOFFT
von MARION REINHARDT
ISBN 978-3-930953-26-4
Preis: 14,50 Euro

Robert Schneider, fünfunddreißigjähriger Anglistikdozent und überzeugter Junggeselle, verabscheut den Weihnachtsrummel und die damit verbundenen sentimentalen und kommerziellen Umstände.
Doch ein Telefonanruf setzt seinen Plänen ein jähes Ende... seine bisherige Welt steht plötzlich Kopf...

PFERDE, PERSÖNLICHKEITEN & POESIE

PFERDE, PERSÖNLICHKEITEN & POESIE
von Renate Blank
ISBN 978-3-930953-30-1
Preis: 39,90 Euro

Dieses Werk ehrt mit Poesie und Malerei das Pferd. Namhafte Persönlichkeiten aus dem Pferdegenre geben Preis, was für sie die Arbeit und das Zusammensein mit Pferden bedeutet. Es wird ein großes Buch zum Verschenken an sich selbst und an wahre Pferdeliebhaber. Zum Eintauchen in den Spirit des Equus.

„...an das Thema Dressurreiten wagt sich nicht ohne Grund kaum ein Künstler heran. Denn die reine Beobachtung hilft hier nicht weiter, weil sie doch wohl zu viele Peinlichkeiten unzulänglicher Reiterei auf Papier und Leinwand brächte. Da muss schon das Wissen vorhanden sein, wie sich systematische Gymnastizierung in Bewegung und Ausdruck des Pferdes niederschlägt. Eigenes reiterliches Erleben aber auch die theoretische Auseinandersetzung befähigen Renate Blank, Dressurmotive künstlerisch zu verarbeiten..."
Prof. Dr. Ulrich Schnitzer

DAS GESCHENK FÜR IHREN HUFSCHMIED

DER ERSTE HUFSCHMIED
von Ulrich Schnitzer & Renate Blank
24 Seiten, s/w
ISBN 978-3-930953-29-5
Preis: 14,80 Euro

Dies ist ein ideales Geschenkbuch für Hufschmiede oder vom Hufschmied an seine Kunden. Es zeigt neben der Sage vom ersten Hufschmied auch einen geschichtlichen Abriss zur Entstehung des Hufbeschlags.

»... Eines der härtesten Ausdrucksmittel ist wohl der Linolschnitt in Schwarz-Weiß-Druck. Für diese Technik hat Renate Blank sich bei der Illustration der Sage vom ersten Hufschmied entschieden. Und selbst hier teilen die Gesichter der Pferde ihre Empfindungen mit und sprechen die Menschen mit der Haltung und Bewegung ihres Körpers an ...«
Prof. Dr. Ulrich Schnitzer

PFERD & MENSCH

DIE GESCHICHTE EINER AUSSERGEWÖHNLICHEN BEZIEHUNG

Pferd & Mensch – Die Geschichte einer außergewöhnlichen Beziehung
von Florian Wagner
Design von Sabine Gistl
27 x 29 cm, ca. 144 Seiten
4-farbig mit zahlreichen Abbildungen
ISBN 978-3-930953-31-8
Preis: 48,- Euro

„Wir sind ein Teil der Erde, und Sie ist ein Teil von uns. Die duftenden Blumen sind unsere Schwestern, die Rehe, das Pferd, der große Adler sind unsere Brüder."

Also sprach der Häuptling der Suqamish-Indianer Noah Seathl 1854 vor dem Gouverneur der Washington Territories. Der Mann, nach dem die Stadt Seattle benannt ist, malt in dieser gewaltigen Rede ein Bild der Natur, in der der Mensch zwar gleichberechtigt ist, aber nicht Herrscher. Wer nicht nur in Nordamerika, sondern rund um den Globus nach des Pferdes Bedeutung für den Menschen forscht, stößt allerorten auf die Erkenntnis: Ohne das Pferd wäre der Mensch nichts. Oder zumindest nichts geworden.

So sagt man in Afghanistan: „Ein alter Freund ist wie ein gesatteltes Pferd." Gibt es ein schöneres Kompliment für einen Freund? Und aus Arabien stammt das Sprichwort: „Wer die Wahrheit sagt, braucht ein schnelles Pferd."

Der Münchner Fotograf Florian Wagner hat an vielen Orten der Welt die Bedeutung des Pferdes für die jeweilige Kultur dokumentiert. Er ritt mit den Adlerjägern in der Mongolei, begleitete die Helicowboys durch die Outbacks von Australien. Er war dabei, als der 19-jährige Tyler Peasley das Suicide Race der Collville-Indianer gewann, trainierte mit den Rittern von Schloss Kaltenberg, beobachtete durch den Sucher, wie die Schwerverbrecher des in Riverton, Wyoming ansässigen Gefängnisses Wildpferde zureiten und drückte auf den Auslöser, als ein jordanischer Wüstenkrieger in vollem Galopp mit dem Schwert eine Melone köpfte, nur Zentimeter von der Kamera Wagners entfernt. Florian Wagner fasste seine Pferde-Studien zu der eindrucksvollen Compilation „Pferd & Mensch" zusammen.